室内外运动竞赛

《"四特"教育系列丛书》编委会　编著

吉林出版集团股份有限公司

全国百佳图书出版单位

图书在版编目（CIP）数据

室内外运动竞赛／《"四特"教育系列丛书》编委会编著.
—长春：吉林出版集团股份有限公司，2012.4
（"四特"教育系列丛书／庄文中等主编.学校体育竞
赛与智力游戏活动策划）
ISBN 978-7-5463-8616-4

Ⅰ.①室… Ⅱ.①四… Ⅲ.①室内－运动竞赛－青年读物
②室内－运动竞赛－少年读物③室外－运动竞赛－青年读物
④室内－运动竞赛－少年读物 Ⅳ.① G808.17-49

中国版本图书馆 CIP 数据核字（2012）第 041994 号

室内外运动竞赛
SHINEI-WAI YUNDONG JINGSAI

出 版 人	吴　强	
责任编辑	朱子玉　杨　帆	
开　　本	690mm×960mm　1/16	
字　　数	250 千字	
印　　张	13	
版　　次	2012 年 4 月第 1 版	
印　　次	2023 年 2 月第 3 次印刷	

出　　版	吉林出版集团股份有限公司
发　　行	吉林音像出版社有限责任公司
地　　址	长春市南关区福祉大路 5788 号
电　　话	0431-81629667
印　　刷	三河市燕春印务有限公司

ISBN 978-7-5463-8616-4　　　　　定价：39.80 元

前　言

　　学校教育是个人一生中所受教育的最重要组成部分,个人在学校里接受计划性的指导,系统地学习文化知识、社会规范、道德准则和价值观念。学校教育从某种意义上讲,决定着个人社会化的水平和性质,是个体社会化的重要基地。知识经济时代要求社会尊师重教,学校教育越来越受重视,在社会中起到举足轻重的作用。

　　"四特教育系列丛书"以"特定对象、特别对待、特殊方法、特例分析"为宗旨,立足学校教育与管理,理论结合实践,集多位教育界专家、学者以及一线校长、老师们的教育成果与经验于一体,围绕困扰学校、领导、教师、学生的教育难题,集思广益,多方借鉴,力求全面彻底解决。

　　本辑为"四特教育系列丛书"之《学校体育竞赛与智力游戏活动策划》。

　　学校体育运动会是学校教育教学工作的一个重要组成部分,是体育活动中的一个重要内容。它不仅可以增强学生的体质,同时,也可以增强自身的意志和毅力,并在思想品质的教育上,发挥不可替代的作用。学校通过举办体育运动会,对推动学校体育的开展,检查学校的体育教学工作,提高体育教学、体育锻炼与课余体育训练质量和进行学校精神文明建设等都具有重要的意义。本书旨在普及体育运动的知识,充分调动广大青少年学生参与体育活动的积极性,内容包括学校体育运动会各个单项的竞赛与裁判知识等内容,具有很强的系统性、实用性、实践性和指导性。

　　将智力和游戏结合起来,通过游戏活动达到大脑锻炼的目的,是恢复疲劳、增强脑力、重塑脑功能结构的主要方式,是智力培养的重要措施。

　　青少年的大脑正处于发育阶段,具有很大的塑造性,通过智力游戏活动,能够培养和开发大脑的智能。特别是广大青少年都具有巨大的学习压力,智力游戏活动则能够使他们在轻松愉快的情况下,既完成繁重的学业任务,又能提高智商和情商水平,可以说是真正的素质教育。为了使广大青少年在玩中学习,在乐中提高,我们根据青少年的生理、心理特点,特别编写这套书。我们采用做游戏、讲故事等方法,让广大青少年思考问题,解决难题,并在玩乐的过程中,循序渐进地提高智商和开发智力,达到学习与娱乐双丰收的效果。

　　本辑共20分册,具体内容如下:

　　1.《团体球类运动竞赛》

　　学校体育运动的目的是调动学生活动的兴趣,提高学生参加体育运动和各种活动的积极性和参与率,让学生在运动中才能体会到参与的快乐。本书就学校团体球类运动的竞赛与裁判问题进行了系统而深入的阐述,使学生掌握组织团体球类竞赛的方法体例科学,内容全面,具有很强的系统性、实用性、实践性和指导性。

2.《小型球类运动竞赛》

小型球类运动竞赛包括排球、羽毛球和乒乓球等比赛。学校体育运动的目的是调动学生活动的兴趣，提高学生参加体育运动和各种活动的积极性和参与率，让学生在运动中才能体会到参与的快乐。小型球类运动竞赛包括排球、羽毛球和乒乓球等比赛。本书就学校个人球类运动的竞赛与裁判问题进行了系统而深入的阐述，体例科学，内容全面，具有很强的系统性、实用性、实践性和指导性。

3.《跑走跨类田径竞赛》

学校体育运动的目的是调动学生活动的兴趣，提高学生参加体育运动和各种活动的积极性和参与率，让学生在运动中才能体会到参与的快乐。跑走跨类田径竞赛包括长短跑、跨栏跑和竞走等项目比赛。本书就学校跑走跨类田径运动的竞赛与裁判问题进行了系统而深入的阐述，体例科学，内容全面，具有很强的系统性、实用性、实践性和指导性。

4.《跳跃投掷类田径竞赛》

长期来，在技术较为复杂的非周期性田径项目的教学中，一般都采用以分解为主的教学法。这种教学法，教学手段繁琐，教学过程复杂，容易产生技术的割裂和停顿现象，特别是与现代跳跃和投掷技术的快速和连贯性有着明显的矛盾。因此，它对当前进一步提高教学质量产生十分不利的影响。本书就学校跳跃投掷类田径运动的竞赛与裁判问题进行了系统而深入的阐述，体例科学，内容全面，具有很强的系统性、实用性、实践性和指导性。

5.《体操运动竞赛》

竞技性体操包括竞技体操、艺术体操、健美操、技巧、蹦床五项运动。其中，竞技体操男子项目有自由体操、鞍马、吊环、跳马、双杠、单杠六项，女子项目有跳马、高低杠、平衡木、自由体操四项。本书就学校竞技体操运动的竞赛与裁判问题进行了系统而深入的阐述，体例科学，内容全面，具有很强的系统性、实用性、实践性和指导性。

6.《趣味球类竞赛》

学校体育运动的目的是调动学生活动的兴趣，提高学生参加体育运动和各种活动的积极性和参与率，让学生在运动中才能体会到参与的快乐。本书就学校趣味球类竞赛项目运动的竞赛与裁判问题进行了系统而深入的阐述，体例科学，内容全面，具有很强的系统性、实用性、实践性和指导性。

7.《水上运动竞赛》

水上运动包含五个项目：游泳，帆船，赛艇，皮划艇，水球。本书就学校水上运动的竞赛与裁判问题进行了系统而深入的阐述，体例科学，内容全面，具有很强的系统性、实用性、实践性和指导性。

8.《室内外运动竞赛》

室内运动栏目包括瑜伽、拉丁、肚皮舞、普拉提、健美操、踏板操、舍宾、跆拳道等，户外运动栏目包括攀岩登山，动感单车，潜水游泳，球类运动等。本书就学校室内外运动的竞赛与裁判问题进行了系统而深入的阐述，体例科学，内容全面，具有很强的系统性、实用性、实践性和指导性。

9.《冰雪运动竞赛》

冰雪运动主要包括冬季运动和轮滑运动训练、竞赛、医疗、科研、教学、健身、运动器材、冰雪旅游等。本书就学校冰雪运动的竞赛与裁判问题进行了系统而深入的阐述,体例科学,内容全面,具有很强的系统性、实用性、实践性和指导性。

10.《趣味运动竞赛》

趣味运动,是民间游戏的全新演绎,是集思广益的智慧创造,它的样式不同,内容各异。趣味运动会将"趣味"融于"团队"中,注重个人的奉献与集体的协作。随着中国经济文化的迅速发展,人们精神文化生活的丰富,趣味体育也有了更广阔的发展,成为一种新的时尚。本书就学校趣味运动的竞赛与裁判问题进行了系统而深入的阐述,体例科学,内容全面,具有很强的系统性、实用性、实践性和指导性。

11.《锻炼学生观察力的智力游戏策划》

发展观察力的游戏有"目测"、"寻找"、"发现"等。这些游戏可帮助学生加强观察的目的性、计划性,扩大观察范围,使孩子能更多、更清楚地感知事物。本书对锻炼学生观察力的智力游戏项目策划进行了系统而深入的阐述,体例科学,内容全面,具有很强的系统性、实用性、实践性和指导性。

12.《锻炼学生注意力的智力游戏策划》

注意力是儿童普遍存在的问题。他们在听课、做作业、看书、活动等事情上,往往不能集中注意力,也没有耐性。在人们的生活、学习和工作过程中,注意力起着非常重要的作用。有位教育专家说:注意力是学习的窗口,没有它,知识的阳光就照射不进来。本书对锻炼学生注意力的智力游戏项目策划进行了系统而深入的阐述,体例科学,内容全面,具有很强的系统性、实用性、实践性和指导性。

13.《锻炼学生记忆力的智力游戏策划》

记忆力游戏是一种主要依赖于个人记忆力来完成的单人或团体游戏。这类游戏的形式无论是现实或网络中都是非常多的,能否胜出本质上取决于个人的记忆力强弱,这也是一种心理学游戏。本书对锻炼学生记忆力的智力游戏项目策划进行了系统而深入的阐述,体例科学,内容全面,具有很强的系统性、实用性、实践性和指导性。

14.《锻炼学生思维力的智力游戏策划》

这是一本不可思议的挑战人类思维的奇书,全世界聪明人都在做。在这本书里,你会找到极其复杂的,也是非常简单的推理问题,让人迷惑不解的图形难题,需要横向思维的难题和由词语、数字组成的纵横字谜,以及大量的包含图片、词语或数字,或者三者兼有的难题,令你绞尽脑汁,晕头转向!现在,你需要的是一支铅笔和一个安静的角落,请尽情享受解题的乐趣吧!

15.《锻炼学生想象力的智力游戏策划》

学校的智力游戏活动主要是锻炼学生认识、理解客观事物并运用知识、经验等解决问题的能力,它是直接为学生提高学习能力而服务的,也是学生学习知识的实践运用,它不仅具有趣味性,更具有娱乐性。本书对锻炼学生想象力的智力游戏项目策划进行了系统而深入的阐述,体例科学,内容全面,具有很强的系统性、实用性、实践性和指导性。

16.《锻炼学生表达力的智力游戏策划》

语言表达能力是现代人才必备的基本素质之一。在现代社会,由于经济的迅猛发展,人们之间的交往日益频繁,语言表达能力的重要性也日益增强,好口才越来越被认为是现代人所应具有的必备能力。本书从大量的益智游戏中精选了一些能提高青少年记忆力的思维游戏,为广大读者提供一个检视自身思维结构,全面解码知识、融通知识、锻炼思维的自我训练平台。

17.《锻炼学生学习力的智力游戏策划》

学校的智力游戏活动主要是锻炼学生认识、理解客观事物并运用知识、经验等解决问题的能力,它是直接为学生提高学习能力而服务的,也是学生学习知识的实践运用,它不仅具有趣味性,更具有娱乐性。本书对锻炼学生学习力的智力游戏项目策划进行了系统而深入的阐述,在游戏中培养孩子的学习能力。体例科学,内容全面,具有很强的系统性、实用性、实践性和指导性。

18.《锻炼学生空间力的智力游戏策划》

学校的智力游戏活动主要是锻炼学生认识、理解客观事物并运用知识、经验等解决问题的能力,它是直接为学生提高学习能力而服务的,也是学生学习知识的实践运用,它不仅具有趣味性,更具有娱乐性。本书对锻炼学生空间力的智力游戏项目策划进行了系统而深入的阐述,体例科学,内容全面,具有很强的系统性、实用性、实践性和指导性。

19.《锻炼学生实践力的智力游戏策划》

社会实践即通常意义上的假期实习,对于在校大学生具有加深对本专业的了解、确认适合的职业、为向职场过渡做准备、增强就业竞争优势等多方面意义。也有些学生希望趁暑假打份零工,积攒一份私房钱。本书对社会锻炼学生实践力的智力游戏项目策划进行了系统而深入的阐述,体例科学,内容全面,具有很强的系统性、实用性、实践性和指导性。

20.《锻炼学生创造力的智力游戏策划》

本书对创造能力的培养进行研究,包括创造力的认识误区、创造力生成的基本理论、创造力的提升、管理者应具备的技能等,同时针对学生设计的游戏形式来进行创造力的训练。其实,想要激发孩子的创造力,你不必在家里放上昂贵的玩具和娱乐设施。一些简单的活动,比如和宝宝玩拍手游戏,或者和孩子一起编故事,所有这些都能让孩子进入有创意的世界。本书对锻炼学生创造力的智力游戏项目策划进行了系统而深入的阐述,体例科学,内容全面,具有很强的系统性、实用性、实践性和指导性。

由于时间、经验的关系,本书在编写等方面,必定存在不足和错误之处,衷心希望各界读者、一线教师及教育界人士批评指正。

编者

目　录

第一章

武术运动的竞赛与裁判

1. 武术的基本知识

武术的起源与发展

武术的起源

武术是中华民族在长期的历史演进过程中不断创造、逐渐形成的一个运动项目。

在原始社会，兽多人少，自然环境十分恶劣，在"物竞天择，适者生存"的严酷斗争中，人们自然产生了拳打脚踢、指抓掌击、跳跃翻滚一类的初级攻防手段。后来又逐渐学会了制造和使用石制或木制的工具作为武器，并且产生了一些徒手的和使用器械的搏斗捕杀技能，这便是武术的萌芽。

从现有的考古发现中我们可以看到，在旧石器时代，已出现了尖状石器、石球、石手斧、骨角加工的矛，而到了新石器时代末期，则出现了大量的石斧、石铲、石刀和骨制的鱼叉、箭镞，甚至还有铜钺、铜斧等。这些原始生产工具和武器，后来大部分成了武术器械的前身。

原始社会末期，部落战争的频繁发生，进一步促进了武术的发展。在部落战争中，远则使用弓箭、投掷器，近则使用棍棒、刀斧、长予，凡是能用于捕斗搏击的任何生产工具都能成为战斗的武器。据史籍记载，大禹时期三苗部族多次反叛，征伐多次未能使之降服。后来，禹停止进攻，让士兵持斧和盾进行操练，请三苗部族的人观看这种"千戚舞"以显示武力雄厚，三苗部族从此臣服。这是原始社会一次盛大的武术自卫演练。古代的"武舞"为后来武术套路的形成奠定了基础。

社会的战争实践向人们提出了要有军事技能的要求。于是人们不断地总结从战争实践中获得的攻防技能和经验，并代代相传。

传说在炎黄时代，东方有个以野牛为族徽的蚩尤部落，崇尚武技，勇猛善斗，特别善于徒搏角抵（摔跌）。他们头戴牛角或剑戟样的装束，当与人交斗时，除用拳打、脚踢外，最善抓扭对方，用头顶触对方，使之不敢接近。后人称其为"蚩尤戏"。蚩尤的角抵是一种徒手搏斗，包含赐、打、摔、抵、拿等多种方法，既可用于战场，又可用于平时演练，对后世对抗性项目的发展有一定影响。

历代武术发展概况

在原始的生产、生存活动中，逐步形成了徒手或持械的格斗技术，从而演变成近代的体育运动，在世界各个地域的人类活动中都曾出现，如击剑、泰国拳等。但从原始格斗术发展成击舞一体、内外兼修的武术形式，则是由中华民族特有的文化土壤孕育而成的。

1. 商周时期。商周时期（公元前 17 世纪初～公元前 256 年），车战是战争的主要形式，车战所需的射御技术和使用矛、戈、戟等长兵器的技艺就成为军事训练的主要内容。同时，拳搏与角力也是军事训练与选拔武士的重要内容，并形成了一定的竞赛制度。当时，舞、武不分，合而为一，称为"武舞"。它是将用于实战格杀的经验按一定程式来演练，是古代武术由感性认识向理性认识的升华，由支离破碎向系统化演进的象征，也是武术套路的雏形。

2. 春秋战国时期。春秋战国时期（公元前 770 年～公元前 221 年），军事战争逐步由车战为主变为步骑为主，使得兵器和武艺都有了较大程度的变化。这导致了对士卒的选择与训练更加严格，促进了军事武艺的发展。同时，具有表演性、竞赛性与娱乐性的竞技较为盛行，以击剑为最，武术的功能向多样化发展。随着奴隶制的崩溃，军事武艺逐步流入民间，其技击技巧以个体性为基础，在个体性前提下武术技艺向多样化发展。随着武术的多功能发展及技术日趋完善，从实践中来的武术理论开始形成。如《吴越春秋》记载的越女论剑，理法深奥、论述精辟，至今未失光彩。武术功能、技艺的多样化，以及武术理论的出现标志着武术体系在这一时期逐步形成。

3. 秦、汉、三国时期。秦、汉、三国时期（公元前 221 年～公元 280 年）处于中国封建社会的上升时期，政治、经济、文化的发展为武术的多样化发展创造了条件。这一时期，有较多武术著作问世，如班固的《汉书·艺文志》兵技巧十三家中，收入了《手搏》六篇、《剑道》三十八篇。武术流派雏形开始出现，如曹丕在《典论·自序》

中谈到剑术已有"法"，而且各异，便证实了流派的形成。刀已基本取代了剑在军事上的地位，而剑却在非军事用途上得到了更大的发展。汉代刀剑之术以及相扑、角抵在这一时期也开始东传日本。

4. 两晋南北朝时期。两晋南北朝时期（公元265年～公元589年），武术在与文化的交融中逐渐与养生相结合。然而由于玄学盛行，追求炼丹与长生不老，其消极影响在一定程度上阻碍了武术的发展。

5. 隋唐时期。隋唐时期唐代长安二年（公元702年）开始实行武举制，用考试的办法选拔武勇人才，这对武术的发展起了极大的促进作用。武举制的创立无疑激发了更多人的习武热情，在一定程度上对唐代尚武任侠之风的盛行产生了积极的影响，大大推进了武术的繁荣发展。

6. 宋元时期。宋元时期（960年～1368年），以民间结社组织为主体的民间练武活动蓬勃兴起，如"英略社"、"弓箭社"、"相扑社"等。"社"的形成，为民间武术传授、交流、发展创造了有利条件。宋代城市发达，在一些娱乐性的群众游艺场所，如"瓦舍"、"勾栏"中出现了大量以武卖艺为职业的民间艺人。他们的表演不仅有单练还有对练，极大地促进了套子武艺向表演化方向的发展。

7. 明清时期。明清时期（1368年～1911年）是武术大发展时期，其繁荣的一个重要标志是流派林立，不同风格的拳种和器械得到了大发展，武术作为军事技术、健身手段及表演技艺的多种价值为人们所认识和利用。自明代以来，以戚继光、程宗猷、茅元仪为代表，对宋以来的武艺在技法、战术和教学训练方面总结出较为系统的基本理论。如戚继光的《纪效新书》、何良臣的《阵记》都总结出拳术是学习器械的基础等循序渐进的教学训练法则，并且明确提出了武术的健身强身功效。在清代，武术与道教养生、内丹术和导引术进一步结合，并逐步形成为武术内功。在此基础上，太极拳、形意拳、八卦掌等一批注重内练的新拳种出现并迅速发展。此后，冷兵器在军事上的地位明显消退，由于武术具有健身、防身、自卫的功效，所以能适应时代的变化，逐步成为中国近代体育的有机组成部分。在此基础上，进一步吸收传统文化的养料，丰富锻炼形式，升华技法理论，在不失攻防内涵的前提下，沿着体育方向不断发展。

8. 民国时期。民国时期（1912 年～1949 年），中华民族积弱积贫，社会各界提倡国粹体育的呼声高涨，中国传统的武术被国人重新认识，一些以研究武术和开展武术活动为主旨的新兴社团纷纷建立。1910 年，在上海成立的"精武体育会"就是维持时间最长、影响最大的民间武术团体。1927 年，国民党政府在南京成立了中央国术馆，并于 1928 年和 1933 年在南京举办了两次国术国考，进行了拳术、长兵、短兵、散手和摔跤等比赛。此外，还组织过一些规模较大的武术表演活动，如 1929 年的杭州国术游艺大会及 1936 年的中国武术队赴柏林奥运会参加表演等。与此同时，受西方先进体育教育经验的影响，武术进入了各级各类学校的体育课堂。对于武术的研究也逐步开展，一些武术论著先后出现，如武术史学家唐豪的《少林武当考》、徐致一的《太极拳浅说》等，都开始用现代科学的观点来认识、研究武术。武术在民国时期有了极大的演变与发展。

9. 新中国武术运动的发展。中华人民共和国成立后，武术运动发展非常迅速。

1950 年，中华全国体育总会召开了武术工作座谈会，倡导发展武术运动。1953 年在天津举行了以武术为主要内容的全国民族形式体育表演及竞赛大会。1957 年国家体委将武术列为体育竞赛项目，并组织整理出版了"简化太极拳"和一大批长拳类拳、械套路。这些套路成为在群众和学校中普及武术的基本教材，促进了技术规格的统一。1958 年，中国武术协会在北京成立，并于同年起草制定了第一部《武术竞赛规则》，编定了拳、刀、枪、剑、棍五种竞赛规定套路。这推进了武术训练的系统化、规范化和科学化，促进了武术运动技术水平的提高。与此同时，在国家体委统一指导下，各地相继建立了各种武术组织，形成了一个广泛的群众性的武术活动网。武术社会化程度极大提高。

然而由于缺乏经验、组织不健全等原因，建国后不久武术界也出现过一些混乱现象。在 1955 年对武术运动"整理研究"的方针指导下，武术运动发展比较谨慎。后来的十年动乱对武术运动的发展更是一次严酷的摧残，致使许多拳种和流派出现消退和失传的趋向。与此同时，竞技武术由于过分追求空中动作和艺术效果，在某种程度上破坏了武术的风格特点与套路结构，没有真正地继承和发展传统武术。

党的十一届三中全会给武术运动带来了新的生机。1979 年，国家体委发出了《关于发掘整理武术遗产的通知》，在随后几年对武术的调查研究和挖掘整理中，查明了全国"源流有序、拳理明晰、风格独特、自成体系"的拳种达 129 个。这项挖掘工作对武术事业的继承与发展产生了重大影响。1982 年 12 月，在北京召开了首次全国武术工作会议，这是建国以来规模最大、最重要的一次武术会议。会议总结了三十几年来武术工作的经验，提出了方针任务和措施，为武术工作指明了方向。其后，各种武术组织蓬勃兴起，据不完全统计，各种形式的武术馆、站、社、校就有一万多个，各种形式的辅导站、教拳点数以万计，全国参加武校活动的群众约 6000 万人。国家体委还于 1991 年在全国范围内开展了评选"武术之乡"的活动，进一步推动了群众性武术活动的开展。武术运动进入大、中、小学课堂，走进军营、农村的武术活动也日益活跃。不少地方甚至"武术搭台，经贸唱戏"，积极开发武术资源，如 1988 年在杭州举行的中国国际武术节，就是融体育、文化、贸易、旅游于一体的国际盛会，展示了武术丰富的内涵和迷人的魅力。本着"积极、稳妥"的精神，散打运动通过十年定点试验，于 1989 年被批准为体育正式竞赛项目，使武术的攻防格斗技术在比赛的实践中得到检验和发展。为了适应"全民健身"的需求，1994 年，国家体委武术运动管理中心出台了"中国武术段位制"，并于 1998 年正式全面启动。与此同时，武术的学术研究也蒸蒸日上。自 1987 年首届全国武术学术研讨会在北京召开后，每年都有一次这样的研讨会，极大地促进了武术理论研究广泛而深入地开展。

最令人可喜的是，国务院学位办公室于 1996 年正式批准体育学设立武术学科专业方向博士学位点。这标志着武术作为一门学科已迈入学术领域的研究殿堂，作为民族传统体育，它与体育运动训练专业、体育教育专业、运动人体科学专业以及社会体育专业并列为体育学科的五大专业门类。可以相信，今后武术运动必将在继承传统的基础上进一步向科学化方向发展。

武术在国际上的影响和发展

把武术推向世界，扩大中华武术在海外的影响，这对显示中华民族特有的智慧和力量，发展国际间的文化交流，增进世界各国人民之间的友谊，都有着深远的意义。

1960 年，中国武术队出访了捷克斯洛伐克，揭开了武术对外交流的序幕。随后，国家和地方曾多次派武术团、队到国外表演访问，为新中国的外交工作做出了贡献。这些活动无疑对扩大武术在国际上的影响有着巨大的推动作用，但武术真正走上国际化进程是在 20 世纪八十年代以后。

20 世纪八十年代以后武术国际化进程

1982 年底的全国武术工作会议提出了"武术要开展国际交流，积极稳步地向国外推广"的指示和号召，加速了武术运动的国际化进程。1985 年是武术国际化进程的一个重要里程碑。同年，国务院批准了国家体委将武术推向世界的决策，8 月在古城西安第一次正式举办了武术国际邀请赛，并成立了国际武术联合会筹备委员会。自此，国际武术运动走上了有组织的阶段。

1987 年，在日本横滨举行了第一届亚洲武术锦标赛，武术开始成为正式的国际比赛项目。1988 年，亚奥理事会正式通过将武术列为亚运会正式比赛项目，从而使武术由单项的国际比赛变成国际综合性运动会的比赛项目。经过五年的研讨与筹备，在世界各洲际武术联合会成立的基础上，1990 年 10 月，国际武术联合会在北京宣告成立，并于 1991 年在北京举办了第一届世界武术锦标赛，以后每两年举办一次。1994 年，国际武联被世界单项体育联合会正式接纳入会，从而进一步确立了武术比赛的国际体育地位。目前，国际武联已拥有 77 个会员国，该组织已得到国际奥委会的正式承认，并已正式向国际奥委会提出申请，希望将武术列为奥运会正式竞赛项目。

在武术运动向世界推广之际，它所根植的中国传统文化也逐渐被越来越多的外国朋友所认识和喜爱。在首届世界武术锦标赛论文报告会上，有 21 位中外代表分别从文化的深层，诸如古典哲学、美学、伦理、养生等方面对武术的丰富内涵和多功能价值进行了科学探讨。"源于中国，属于世界"的武术已经成为沟通各国人民友谊的桥梁和纽带。作为一种优秀的民族文化和良好的运动项目，武术必将为丰富国际奥林匹克运动的内容、促进东西方文化的交流做出有益的贡献，更好地造福于全世界爱好和平的人们。

武术的特点及作用

电视电影中令人眼花缭乱的目不暇接的打斗场面，运动场上武术运动员气势磅礴的铿锵有力的招式，西方人在中国武术团体表演时所报以的一阵阵雷鸣般的掌声和热烈的欢呼声。我们看到：武术，这一中华民族长期劳动生活和斗争中逐步积累和发展起来的文化瑰宝，在新时代正以前所未有的姿态向世界散发着强大的魅力，无论在发达国家还是发展中国家都大放异彩。

武术，是一种以技击动作为主要内容，以套路与格斗为主要运动形式，内外兼修的中华传统体育项目。它与京剧一样，是中华传统文化的典型代表，像一颗颗璀璨的明珠闪烁在中华传统文化的玉盘中，其内在思想与外在表现形式无不渗透着儒家、道家、佛家的精神。

武术的特点

1. 寓技击于体育之中。武术最初作为军事训练手段，与古代军事斗争紧密相连，其技击的特性是显而易见的。在实用中，其目的在于杀伤、制服对方，它常常以最有效的技击方法，迫使对方失去反抗能力。这些技击术至今仍在军队、公安中被采用。武术作为体育运动，技术上仍不失攻防技击的特性，而是将技击寓于搏斗运动与套路运动之中。搏斗运动集中体现了武术攻防格斗的特点，在技术上与实用技击基本上是一致的，但是从体育的观念出发，它受到竞赛规则的制约，以不伤害对方为原则。如在散手中对武术有些传统的实用技击方法作了限制，而且严格规定了击打部位和保护护具。短兵中使用的器具也作了相应的变化，而推手则是在特殊的技术规定下进行竞技对抗的。因此，可以说武术的搏斗运动具有很能强的攻防技击性，但又与实用技击有所区别。

内外合一，形神兼备的民族风格及广泛的适应性：

　　既究形体规范，又求精神传意、内外合一的整体观，是中国武术的一大特色。所谓内，指心、神、意等心志活动和气息的运行。所谓外，即手眼身步等形体活动。内与外、形与神是相互联系统一的整体。武术"内外合一，形神兼备"的特点主要通过武术功法和技法来体现。"内练精气神，外练筋骨皮"是各家各派练功的准则，武术的练习形式、内容丰富多样，有竞技对抗性的散手、推手、短兵，有适合演练的各种拳术、器械和对练，还有与其相适应的各种练功方法。不同的拳种和器械有不同的动作结构、技术要求、运动风格和运动量，分别适应人们不同年龄、性别、体质的需求，人们可以根据自己的条件和兴趣爱好进行选择练习。同时，它对场地、器材的要求较低，俗称"拳打卧牛之地"，练习者可以根据场地的大小变化、练习内容和方式，即使一时没有器械，也可以徒手练拳、练功。一般来说，受时间、季节限制也很小。相比不少体育运动项目，具有更为广泛的适应性。

　　2. 攻防技击性。武术作为体育项目，动作具有攻防技击性仍然是它的本质特征，如散打的技术与实用技击术基本是一致的，集中体现了武术攻防格斗的特点，只是从体育的观念出发，以不伤害对方为原则，严格规定了禁击部位和保护器具。作为中国武术特有表现形式的套路运动，虽然拳种不同，风格各异，有的还具有地方特色，但无论何种套路，其共同特点是以踢、打、摔、拿、击、刺等攻防动作构成套路为主要内容。虽然套路中不少动作的技术规格在原技击动作的基础上略有变化，或因连接贯串及演练技巧的需要，穿插了一些不具备攻防意义的动作，但通过一招一式表现攻与防的内在含义仍然是套路技术的核心。

　　3. 既有搏斗运动，更有套路运动。中国武术最大的一个特点是：既有相击形式的搏斗运动，更有舞练形式的套路运动。这是其他民族和国家所没有或少有的。在古代，武术由军事技能发展为搏斗运动的体育项目，有"角抵"、"手搏"、"相扑"、"击剑"，以及"较棒"、"较枪"等等。发展为套路运动的体育项目，有"打拳"、"舞剑"、"盘戟"、"舞轮"、"使棒"、"使枪"等等。武术一直是循着相击的搏斗运动和舞练的套路运动这两种形式向前发展着。后来随着岁月的流逝，套路运动在发展过程中逐步占有了武术的主要地位，而且内容、形式、和流派越来越绚丽多彩，灿如众星。根据拳种和类别的不同，套路有长有短，有刚有柔，有单练有对练，有徒手有器械。风格不同，各具特色。通过套路运动的练习，有利于发展人体的速度、力量、灵敏度、协调和耐力等素质，培养勇猛、顽强、坚韧不拔的意志。太极拳柔的缓慢，就更适合年老体弱和慢性病患者进行锻炼，是一种良好的体育医疗的手段。

　　武术因其有着强大的功用和广泛的适应性，几千年以来，在中华大地上生生不息，延续不断。首先，武术有着强外壮内的健身功用。对外能利筋骨，强关节，增体质；对内能理脏腑，通筋脉，调精神。比如长拳类套路，包括屈伸、回环、跳跃、平衡、翻腾、跌扑等动作，通过内在神情的贯注和呼吸的配合，以及人体各个器官的积极参与，尤其是长期坚持基本功的训练能加强人体肌肉力量，提高肌肉韧带伸展性，加大关节运动幅度，有效地发展柔软性。散打对抗中的判断、起动、躲闪格挡或快速还击等，对人体的反应速度、力量、灵巧、耐力都有良好的促进作用。太极拳以及许多其他功法讲究调息行气和意念运动，因此对调节人体内环境的平衡调养气血，改善人体机能增强体质有重要作用。同时，武术是防身的重要手段。学习武术有利于掌握防身自卫的知识方法，提高人体的灵活性和对意外情况的应变能力。

　　其次，武术具有修身的作用。"未学艺先学礼"，"习武德为先"，培养武德乃中华武术的传统。习武可以培养尊师重道、遵纪守法、见义勇为、讲究公德、讲理守信、宽以待人、严于律己等良好的思想品质和高尚的道德情操。"拳不离手，曲不离口"，"夏练三伏，冬练三九"。习武，特别是追求技艺提高的过程中需要有吃苦耐劳、坚持不懈的精神，有利于培养坚韧不拔、自强不息的意志品质，是一种修身养性的重要手段，有利于人的全面发展。

　　第三，武术具有很高的观赏价值，无论是套路表演，还是散手比赛，历来为人们喜闻乐见。唐代大诗人李白好友崔宗宗赞他"起舞拂长剑，四座皆扬眉"。杜甫在《观公孙大娘弟子舞剑器行》中有"昔

"有佳人公孙氏，一舞剑器动四方。观者如山色沮丧，天地为之久低昂"的描绘。汉代打擂台，三百里内皆来。都说明无论是显现武术功力与技巧的竞赛表演套路，还是斗智较勇的对抗性散手比赛，都会引人入胜，给人以美的享受，都具有很高的观赏价值。

最后，武术的发展有利于交流技艺，增进友谊。武术运动内涵丰富，技理相通，入门之后会有"艺无止境"之感。群众性的武术活动，便成为人们切磋技艺，交流思想，增进友谊的良好手段。随着武术在世界广泛传播，还可促进与国外武术爱好者的交流。许多国家武术爱好者喜爱武术套路，也喜爱武术散手，他们通过练武了解认识中国文化，探求东方的文明。武术通过体育竞赛、文化交流等途径，在与世界各国人民友好交往中发挥着越来越大的作用。

4. 锻炼意志，培养品德。练武对意志品质考验是多面的。练习基本功，要不断克服疼痛关，磨练"冬练三九、夏练三伏"，常年有恒，坚持不懈的意志品质。套路练习，要克服枯燥关，培养刻苦耐劳，砥砺精进，永不自满的品质。遇到强手克服消极逃避关，锻炼勇敢无畏、坚韧不屈的战斗意志。经过长期锻炼，可以培养人们勤奋、刻苦、果敢、顽强、虚心好学、勇于进取的良好习性和意志品德。

武术的作用

1. 防身技击作用。武术由我国古代的技击术发展而成，其直接来源是攻防格斗。尽管现代的武术属于体育的范畴，然而技击性仍然是它的本质属性。通过练拳习武，不仅可以提高人体的各种素质，而且可以掌握一定的攻防技法，起到防身自卫的作用。另外，武术散打项目更是以攻防格斗为目的，坚持长期系统的学习，不仅可以提高防身自卫能力，还可以为国防、公安建设服务。

2. 教育娱乐作用。中华民族素有"礼仪之邦"之称，根植于中华传统文化土壤中的中华武术，也必然以具有浓郁的伦理思想色彩为其主要特色，尚武与崇德便成为习武实践密不可分的两个方面。中华浩浩历史长河中，关羽、岳飞、戚继光等无数民族英雄和武术家，无不是德行和技艺同时修炼，甚至德先于技。实行尚武与崇德的教育，无疑可以陶冶人们的思想情操。另外，艰苦的习武实践，对于培养人们

良好的生活习性和意志品质也具有积极作用。

中华武术独有的审美情趣也给武术增添了无穷的魅力。套路运动的动静疾徐、起伏跌宕美，散打运动的巧妙方法、激烈对抗美，不仅能培养人们的审美情趣，给人以美的教育，还能在节庆集会时丰富人们的业余文化生活，带给人们美的享受。同时，以武会友，切磋技艺，还能扩大交往，交流思想，增进友谊，为东西方的文化交流做出贡献。

3. 经济作用。不同的历史时期，武术表现的价值功能侧重点不同。随着我国社会主义市场经济的逐步建立，传统的武术在体育产业化过程中所表现出的经济价值越来越被更多的有识之士认同。首先，作为一种精神产品，武术能不同程度的满足人们对精神文化生活的需求。各种武术表演、比赛、以及武侠文学和影视，在丰富人们文化生活的同时，也带来了巨大的经济效益。其次，武术作为一种劳务，在进行武术教学训练以及辅导等活动时，也具有一定的经济效益。另外，作为一种资源，武术还能够带来相关产业的发展，如武术服装、器材以及各种武术书籍、期刊、音像制品等附属产品的销售，还有各种国际武术文化节等，都是以武术搭台，经贸和旅游却唱着精彩的戏。相信随着改革开放的深入，武术发挥的经济效益将会越来越大。

2. 武术的基本技法

拳　术

少林拳术秘诀

1. 呼吸。肺为气之府，气乃力之君，故言力万不能离气，此古今一定之理，大凡肺强之人，其力必强，肺弱之人，其力必弱，何则，其呼吸之力微也。北派之柔术，数十年前，有专习练呼吸，以增益其气力者，其成功颇觉可惊，南派则练运使之法多，练呼吸之法少，盖以呼吸之功，虽能扩张血气，有时不慎，反至伤身。后因慧猛禅师移锡南来，始传呼吸之妙诀，于是南派亦有练习此术者，但未盛行耳，录慧猛禅师口传秘诀如左。呼吸有四忌：

（1）忌初进时太猛。初时以呼吸四十九度为定，后乃从缓增加，然亦不可一次呼吸至百度之外也。

（2）忌尘烟污杂之地。宜于清晨或旷寂幽静之所行之，晚间练习，宜在庭户外，不可紧闭一室中。

（3）忌呼吸时以口出气。初呼吸时不妨以口吐出肺胃之恶气，以三度为止，稍久，则呼吸须使之气从鼻孔出入，方免浊气侵入肺部之害。又呼吸时宜用力一气到底，然后肺袋之涨缩，得以尽吐旧纳新之用，以生气力。

（4）忌呼吸时胡思乱想。大凡人身之气血，行于虚而滞于实，如思想散弛，则必气凝结障害，久之必成气痞之病，学者慎之。

以上四忌，须谨避之，自无后患，迨至成功时，则周身之筋胍灵活，骨肉坚实，血气行动，可以随呼吸以为贯注。如欲运气于指尖臂膊，及胸肋腰肾之间，之意所动，气即随之，倘与人搏，则手足到处，伤及肤理而制人，气之功用神矣哉。

洪惠禅师曰："呼吸之功，可令气贯全身。故有鼓气于胸肋腹首，令人用坚木铁棍，猛击而不觉其痛苦者，气之鼓注包罗故也。但有一处，为气之所不能到者，即面部之两颊是也。击他部虽不痛，惟此部却相反耳。"

呼吸之术，北派最盛，而西江河南两派，则以长呼短吸为不传之秘法，河南派则名为丹田提气术，西江派则名为提桶子劲（劲即气力之俗称也）。究之名称虽异，而实则无甚差别，其法直身两足平立，先呼出浊气三口，然后曲腰以两手直下，而握固提上，其意以为若携千斤者，使气贯注丹田臂指间，迨腰直时，急将左右手次第向前冲出，而气即随手而出，不可迟缓，惟手冲出时须发声喊放，方免意外之病。自此以后，则手或向上冲，或左右分提，仍须腰曲与前同，总以气血能贯注流通为要，又向上冲时，觉得气满腋肋之间，左右分提时，仍伸指出而握拳归，俨如千万斤在手，则丹田之气，不期贯而自贯矣。但提气时须渐渐而进，有恒不断，学者须静心以求之，勿视为小道野术可也。

2. 刚柔。技击虽小道，精而言之，亦如佛释有上中下三乘之别。

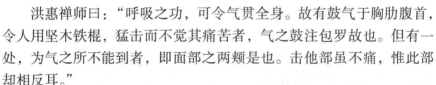

三乘为何，即刚柔变化二者而已。其宗派法门，千差万别，虽各有其专家独造之功，而刚柔变化之深浅，即上中下所由判焉。

上乘者，运柔而成刚，及其至也，不刚不柔，亦刚亦柔，猝然临敌，随机而动，变化无穷，指似甚柔。遇之则刚若镔铁，身似呆板，变之则捷若狡兔，敌人遇此，其受伤也亦不知其何以伤，其倾跌也亦不知其何以倾跌，神龙天矫，莫测端倪。然此种上乘工夫，非朝夕所能奏效，此上乘中技术也。

术以柔为贵，至于专使气力，野蛮粗劣，出手不知师法，举步全无楷则，既昧于呼吸运使之精，复不解刚柔虚实之妙，乃以两臂血气之力，习于一拳半腿之方。遂自命个中专家，此下乘之拳技，不得混以柔术称之，学者所宜明辨也。

3. 手法。手法虽有各家之别，其渊源要不出岳氏之双推，（武穆少年时善技击倡双推手法，后世多宗之）北派尚长手，南派尚短手。长手贵力足，短手能自顾，平时练习，非长手不能达气，与人相搏，非短手不能自保，故长短互用，刚柔相济，为此道之正宗，南北派各大家之通行手法如左。

（1）牵缘手。此即双推手之变化法，左右手作回环之势，其两手指端，至练熟时，必作连环式如相贯之圆圈，能练圆时，则指臂灵活，一切手法，不难迎刃而解，为初学步时所当经心练习者也。

此手之用法，敌人以手或木棍击来，则以左右随势缘格，敌手与物遂落空而不能中我，失于是逼进一步，随机以取敌之要害。

此手又名猿手，盖以猿之遇击，手必若是，故灵捷异常。

（2）缠手。此手与前手稍有不同，前者阴阳互用，此则纯用阴手（即掌下覆之式），前手作正面势，此手作侧势（或右侧，或左侧），譬如手朝前缠，右手则从腋下（乃左手腋下），尽力格出，如是循环练习，自有进步。

此手又名蛇缠手，盖取与蛇之缠绕树枝相同，以故纯用覆掌阴手出之，或谓此名牵缘阴手。

此手之用法有与牵缘相异者，牵缘乃取正面之格拦势，此则取侧面，乘势以挥击敌人之腋窝，且并作回护勾格，以备下部遇敌之用。

演练时手向内缠，非向外缠，观勾格二字自明。

（3）长短分龙手。北派最喜练此，名师巨子，其演练手法，即开始于是。法用手左右分排，如左长则右短，右长则左短，故又名排闼手，或曰开门手，以前肘及掌缘向外翻滚，两掌心必须相应，且练时足作子午桩（桩步详后），下半马（即身稍蹲下之意），力自肩腋窝里运出。

此手亦为分格之用，到熟练时即格即打即打即格，无须重行换手，换手即迟慢也。

（4）剪手。此手阴辟阴阖，相叉如剪，故曰剪手，以掌缘及两肘发力，但有一最宜注意者，两手叉剪时，身宜稍侧，而胸向内吞，必如是，然后与敌遇，方不至被逼，且不失其宽绰进退之势。

此法可以格压敌人之手，并可推倒敌人，惟取势，身宜稍侧，左手在前，用右手尽力砍入，以右手叉压在左手之肘湾为止，右手指端，祇可叉过左手肘湾外一寸余，否则恐被敌人封逼，此大忌也（右剪时同）。剪叉时，无论左右侧，前后手宜平，倘前手过于弯曲高起，其弊害不可胜言。

此手变化，叉合时两掌向上，名为阳手，开则变为阴手，其式如骨牌中之长三形，可以乘势而点击敌人之咽喉及目部要害处。

4. 掌法。掌法为北派擅长之术，少林则以骈中食两指为宗法。至般慧禅师起，亦曾创习掌力，惟与北派有异者，北派多四指紧排，拇指曲贴掌缘，此则曲四指如鹰爪，北派谓之柳叶掌，南派谓之虎爪掌，要之形式名称虽不同，而用力则一也。其一为何？即指向外翻，注力掌心是矣。掌法之练习，以岳武穆之双推手为宗，总须由肩窝吐力，贯至掌心，此最注意者也。掌之制敌，以按人胸肋心穴为度，他处不能施之，且有双掌齐出及单掌独进之别，学者神而明之随时变化可也。般慧禅师习此二十余年，遂能别立宗法。其用掌之歌诀曰：气自丹田吐，全力注掌心。按实始用力，吐气须发声。推宜向上起（掌须向上用始易使敌仆），紧逼短马蹬（紧逼而后出掌，短马而后可自顾）。三字注按吐，都用小天星（小天星即掌尺脉上之锐骨）。

武当派拳术秘诀

俗称内家拳为武当派。源于湖北五不山。传为张三丰"夜梦玄帝授之拳法",次日便身怀神勇杀敌百人,绝技遂此传名于世。此说无实可考。黄百家称:"张三丰精于少林,复从而翻之,是名内家。"依此说,武当派是在少林派的基础上发展而成的。近代有人将太极拳,八卦拳、形意拳合并为"内家拳",称为"武当派"。实际上,张三丰是否创造了内家拳尚属悬案,太极拳、八卦拳、形意拳也并不出自武当山,少林派亦不能包罗那么庞杂的内容。

除上述名拳种外,武当拳具有代表性的拳术还有"九宫神行拳"、"九宫十八腿"、"太乙五行擒扑"等,而以武当剑法为最。

峨眉派拳术秘诀

1. 僧门。僧门是四川地方拳种,蜀称"四大家"之一,也称"申门"。

2. 岳门。岳门是四川地方拳种,蜀称"四大家"之一,附会岳飞为创始人。

3. 杜门。杜门是四川地方拳种,蜀称"四大家"之一,据说此拳是清乾隆时由江西杜观印传入四川,故名"杜门",又说"杜"是杜绝,阻止敌人进攻之意。杜门初无拳套,只练单操手法和功法。

4. 赵门。赵门是四川地方拳种,蜀称"四大家"之一,附会宋太祖赵匡胤为创始人,故称赵门。此系拳法以"红拳"为基础。

5. 洪门。洪门是四川流传的拳种,蜀称"四小家"之一。据说源自反清秘密组织三合会传习的洪拳,分为旱洪门、水洪门两系。靠近长江流域者称水洪,其余称旱洪。

自然门武术

自然门为武术的一种,湖南慈利县人杜心五(1869～1953)所传,杜自称此术得自四川武师徐矮师。近代由万籁声广为传播。

自然门无固定拳套,不讲招,不讲相,以气为归,以不失自然为本旨。所谓:动静无始,变化无端,虚虚实实,自然而然。

长拳拳术秘诀

长拳泛指遐举遥击、进退疾速的徒手攻防技术和运动形式。所谓长是相对而言，长拳是相对短打而言。

现代长拳拳术架式舒展、工整，动作灵活、敏捷，腿法和鼠窜跳动作较多。

1. 查拳。查拳是长拳类的代表拳种之一，亦写作（插）叉步，插拳而名。现代统一写为查拳。

查拳拳系以十路查拳为本，另有滑、炮、洪弹诸拳。

2. 弹腿（附潭腿）。弹腿是一种以屈伸腿法为主，结合步法、手法编组而成的拳术。因该拳发腿是出以激力，取弹射之势，故名。弹腿有"十路弹腿"和"十二路潭腿"之分。

3. 华拳。华拳是长拳类的代表拳种之一。或说此拳始自华山蔡氏，故名"华拳"。或说此拳以精、气、神为三华，以"三华贯一"为理论基础，而称华拳。又称此拳源于西岳华山，故名。

华拳的代表套路为十二路拳。另有其它拳械，共计四十八路之多。有"华拳四十八、艺成行天下"之说。

4. 红拳。红拳是长拳的一种。传说创自宋太祖赵匡胤，或说萌发于陕西关中。有的人将红拳写成洪拳，并称之为北派洪拳，以便与南拳系中洪拳相区别。

5. 梅花拳。梅花拳是长拳类拳术之一，亦称梅拳。此拳起源待考，据说源自少林寺拳技。

6. 六合拳。六合拳是长拳类拳术之一，源自少林拳。万籁声《武术汇宗》称此拳属少林韦陀门。传统拳套共十二趟。

7. 迷宗拳。迷宗拳是长拳一种，亦称燕青拳、迷宗拳、猊宗拳、迷宗艺。有关此拳起源的传说颇多。或称创自宋代燕青，故名"燕青拳"；或说燕青雪夜逃往梁山，一边前行，一边以树枝扫去足迹。后世取此意遂以"迷宗"名其拳；或说燕青之拳学自耍猴人"半夜仙"。其拳是取猊宗猴灵敏善跃的特点编成，故名猊宗拳；或说此拳是取各家招法编成，难明其宗，故名迷宗拳。这些传说多无史料凭据。拳械套路有三十六路，有"迷踪三十六，艺成天下行"的说法。

八卦拳秘诀

武术中取名为"八卦拳"的拳术有多种。西南地区流传有八套路，中州地区流传有阴阳八卦拳（亦称八卦捶），浙江地区流传有小八卦拳，两广流传的洪家八卦拳和内外八卦拳。体系较为完备的流传鲁、冀、豫地区的八卦拳。其要诀云："你打俺不护，俺打（你）护不住。"

剑　术

剑术的特点

剑的构造是一尖两刃，所以在使用时要根据其构造特点全面多样地进行运用。其主要方法为点、崩劈、刺、撩、挂、亏、穿、绞、扫、截、格等。剑术不仅要求出手路线、使用部位的准确无误，还要根据其所能使用部位的全部要求在刹时间的突变中准确无误。对剑法的运用自如、规范，是剑术技法中的重要要求。剑术，各门各派都有各自沿袭相传的演练技巧与方法，但一般的有以下四点：

1. 轻快敏捷。历来的"剑走轻，刀走黑"之说，区别了"剑器轻清，其用大与刀异"。虽然刀、剑都具有候忽横、以短乘长的技击特点，但是用法迥然有别。剑器有两面刃，持剑时不能触身，也不宜像刀花一样在身背缠绕，更不能做裹脑缠头动作。剑术中的点、崩、截、绞等剑法都十分注重敏捷、轻巧、准确，力点多在剑或剑前端。《手臂录》的论剑诀中有"若唯砍斫如刀法，笑杀渔，阳老剑仙"，明确指出剑术不能像刀术那样大劈大砍，猛起重落，而是要按照剑法的运动规律，做到轻快、敏捷才符合剑术演练的基本技巧和方法。

2. 刚柔兼备。有柔有刚主要是指在剑术中刚柔动作的交替变化，由此表现出锐利的攻势和洒脱的风采。刚柔兼备是指在一个剑术动作中或刚中含柔，或柔中寓刚。从剑法来看，诸如穿、抹、撩、带等剑法，运行路线较长，尤能体现洒脱飘逸，刚柔相兼的风格。剑术运动要求在轻快的行步、潇洒的腾跃、闪展的避让等运动过程中剑力顺达。剑术劲力的运使多柔中含刚，或以柔带刚，或刚中见柔。不仅如此，在敏捷的出击、纵横的劈刺中还要柔而化刚，力透剑器的某一部位。因此，"刚柔相椎"，合理地调节剑术运动中的刚与柔，借此发挥"剑器轻清"的特长，是剑术技法中必须遵守的法则之一。

3. 把活腕灵。剑术很注重剑法的正确性，然而，剑法却是在把活的操持下运用的。因此剑法的正确与否，与把活很有关系，而把活的

变化又与执剑手的指、掌、腕的展转收握相关联。在剑术运动中，剑法需要不断发生各种变化，这只有通过变换把活才能使剑法随之发生变化。如螺把、钳把、刀把、满把等握剑法的运用，随剑法不同而灵活变化，否则剑法就不能正确地表达。所以，要求执剑手的指、掌虚实多变，手腕灵活转展，恰到分寸地把握剑器。剑术中有不少腕花、剪腕花等动作，这些动作更需要指、掌的灵巧，手腕的活络。各种剑法都要求轻快、准确，很多变化又与手腕的劲力运使技巧有关，如一点一崩，一缠一截，劲力技巧在于用腕，又如挂剑时需扣腕，回身劈剑则需旋腕等，这些都依靠手腕的灵活性，使剑与腕协调，达到合理地调节剑法和劲力之变化。

4. 气韵生动。气韵，指的是剑术运动中的节奏、气度。剑术运动应气度宏大，洒脱自如。其动静、疾缓应富有鲜明生动的多种节奏变化，起承转合尤，应注重韵律。剑法的刚柔、张弛、轻重、伸缩、起落以及移步换形、招频逼等是构成剑术节奏的基本因素。而剑法自身的节奏，一般除由特定的规格制约外，其剑势变换，又是随着战术变换而相异。每一剑法在演练过程中，由于受战术法则的制约和引动，其身法和节奏变化，千姿百态。提高剑术技能，掌握剑术技法中的节奏，自然与剑法规格的内在含义及战术意识紧密相关。练剑要求内外贯通，神形达化。剑术技法，贵在意势会通，三体同功，身械如一，方能达到术中求艺，以意导术，气韵生动的境地。

少林达摩剑

少林达摩剑是少林武术中的精髓剑法。由达摩祖师流传下来。剑如禅法，静中生动，动中守静，把握瞬间，禅定玄机。超越理智思维的速度，在技击中变招莫测。劈、刺反复运使，快速反应。攻防变化在奥妙之中，神气贯通剑锋，心怀除恶扬善之举，自然心定神宁，无杂念生，一切皆空，禅入剑式，侠骨禅心，必胜无疑乃击剑之禅法。常见的动作有：舞花剑，刺剑，云剑，劈剑。

达摩剑（第一路）

以南为前，以北为后；

以东为左，以西以右。

第一式：达摩捏诀

左手捏剑诀，掌心贴左腰门；

右手直垂，以四指握剑再以大指压之；

两脚合拢；

剑尖上仰，两刃向东西二方。

第二式：仙人指路

左手翻展，向前推出，掌心向前，指诀仰上；

其它不动。

第三式：马蹴落花

指诀收置左腰门；

伸出右臂与右肩对齐；

左足踏前一步，作前虚吊步；

如上法提起右足前行数步。

第四式：二龙戏珠

承上式，以右趾移往西南，作前弓步；

左足往后开一步，作后箭步；

左指诀掌心向东，与肩对齐，横指正东；

右剑往下斩平膀，直指西方。

第五式：撩阴势

转身向东北方，右足前进一步，作弓步；

右剑从右上撩，剑尖指东，掌心向上，至平膀；

左指诀再压于右肘上。

第六式：二马分鬃

右剑从下向后挽剑花，由上斩下，剑尖向东，至平膀，再用力啄剑，即复扬剑向天；

左指诀于挽花时即分离，待右剑平膀时再压于右肘上；

右足于挽花时提起，至平膀时踏正北，左趾亦略移往北方，作四平大马。

第七式：古树盘根

右剑向西掠下，挽花，复取撩上，回斩正东，至平膀，即扬剑向天；

左指诀于西掠时即分离，当面卷上，直指西方，与右臂成水平；

左足提起，往后退，双腿斜交，作麒麟步。

第八式：鹞子翻身

撩剑向后，拖至正西，即以剑尖往南向天，斩正东，至平膀，啄剑；

解麒麟步，成四平大马，提左足，耸身掉转，两足先后往上纵，面北作四平大马。

第九式：劈面势

回剑过头，往下斜掠至右膝，作右前弓步，以右足一跺，提左足，掠东向天，至正南，横进一步向南作四平大马，剑尖指东。

第十式：定阳针

回剑，沉肘至右腰门，刺向西南之天；

回剑同时提起左足，斜贴右腿。

第十一式：横江飞渡

转身正东，左足承上式于东南点地，做弓步；

回剑横掠，垂锋斜下，平膀。

第十二式：扫龙势

回剑挽花，乘势拖掠指西，右足亦乘势拖前，成左蹼步。

第十三式：童子拜佛

右剑往上挑起，提剑往后，左足乘势提起，趾尖向地，右足直立，左指诀贴于胸前，左掌心向右。

棍　术

棍术的特点

棍术的演练技巧与方法各门各派各有所异，但一般具有以下四点：

1. 棍打一片。抡、劈、扫等是棍术的主要方法，由于棍器无刃，只要便于发力，手握棍器的恰当部位，就能达到重击的目的。因此，这些简单的方法常用以对付较远距离之敌。加之，抡、扫等动作路线往往一周有余，攻击面大，既能击打正面之敌，又能击打身后之敌，大有横扫千军之气概，所以是以攻为守的好方法。学练这些主要方法，必须掌握它的技法首要，久久而功，并融入棍术套路之中才能体现棍术的运动风格。

2. 梢把并用。棍术的本身具有双手操棍，梢把兼用的特有技能，所以能左右兼顾，能远能近，灵活多变，审势而击。通常挑、戳、盖、横击多用把端击，也可用端梢击，而劈、扫、抡、撩则多以梢端击打，绞、格、云、拨则梢把两端互用。棍术中也有使用单头棍的，一般说单头棍多用枪法，或者是兼枪带棒。这种以枪棒兼用的棍术，在运动结构上往往不如梢把兼用的棍术来得活泼密集。"枪似游龙，棍若雨"，"雨"即意味着密集。要达到密集，就必须梢把兼用，方能变化无穷，充分体现棍术的技术风格。梢把兼用，首先应明了棍法要领。掌握用力规律和变化特点，由慢到快，反复研习，才能使梢把运用自如。

3. 握法灵便。握法，传统称为"把法"。棍的特点，似疾风暴雨，密而不疏。棍分棍梢、棍身、棍把（即根部）三部分，在运动中一般都是梢、身、把交互使用，变化多端。欲使棍法纵横，抡劈如意，握法灵便是第一要素。棍的握法很多，一般常见的有阳手握法（即手心向上）；阴手握法（即手心向下）；明阳手握法（即一手心向上，另手心向下）；对手握法（虎口相对）；交叉握法（左右手交叉），滑动握法（一手滑出）等等。不同棍法，或是棍法在运动之间的变化，都是以不同的握法为基础的，提法娴熟，才会迅速变换棍法。如击棍中通常须两手满把紧握，才能挥打有力。但有些棍法又需活握，如云、拨、下格等棍法不宜满把死握，舞花棍中甚至还须刁握把，单手舞花时还应脱手，交替换把。因而，正确而灵便的握法，是棍术技法中的重要环节之一。

4. 长短兼施。长器亦能短用，这是人们在实战中总结的技击辩证法。如劈、扫、抡、撩为长击远打的棍法，而点、崩、戳、压、格为近身攻守的棍法。当对方贴近时，通过梢把互用，滑把抽棍，施以近击。在攻守中，缓则通常以步法退避，急则用把法伸缩变换，这种变换往往变长打为短击，更有长短兼施，参互运用的。在棍术套路中，长短兼施既有棍打一片的要求，又有候忽纵横，前后出击，疏中带密的要求。长短兼施，具有长、短变换使用的技击内涵，要使棍术演练达到较高的境界，必须掌握这一基本技法。

少林棍法

1. 小夜叉第一路棍谱。高四平，进步跨剑，进步骑马，进步披身。铺地锦，退步猪龙喷地。偷步四平，推根悬脚亮枪，打一棍骑马，搅一棍，偷步扎三枪。推通袖，扯披身，进步骑马，进步跨剑，进步穿袖，进步绞系打铺地锦。搅一棍，扎一枪，退回五花滚身，迎转骑马。进步跨剑定膝，偷步吕布倒拖戟，进步韩信磨旗。打铺地锦，搅一棍，扎一枪，退回五花滚身，迎转偷步，磨旗中四平。

2. 小夜叉第二路棍谱。高四平，进步扎三枪。披身，退步喷地，偷步四平。拖枪出迎，转霸王上弓。进右边披身，迎转靠山。进左边推根悬脚亮枪，换手打左献花，换手打右献花。绞系进步悬脚亮枪，绞系进步左踢一脚，搅一棍，扎一枪，换手拔草寻蛇出，沉香劈华山。换手打朝天一炷香，进步五花滚身打铺地锦。搅一棍，扎一枪，退回五花滚身迎转骑马，金刚献铲。踢一脚，二郎担山，偷一步，扰一棍，打一棍，拔草寻蛇出，劈山，行者肩挑金箍棒。

3. 大夜叉。高四平，进步扎三枪。披身，喷地，拖枪出迎转金鸡独立。进步骑马，退步推坐洞。扎一枪，滚身打铺地锦。搅一棍，扎一枪，仙人过桥坐洞。进步推骑马，进步换手打撒花盖顶。回转换手悬脚亮枪，回转边叉，进步撩手跨剑，滚身铺地锦。进步迎转独立，进步骑马，换手打，撒花盖顶。迎转换手悬脚亮枪，迎转边叉，进步撩手跨剑，滚身打铺地锦。搅一棍，扎一枪，进步滚身铺地锦。搅一棍，扎一枪，二郎担山出，坐洞，迎转二起脚。搅一棍，扎一枪，剪步出群拦，披身，四平。

4. 阴手。高四平，进步扎三枪，进步披身，喷地，安棒定膝，拖枪换阴手。背弓迎转金鸡独立，定膝，推二棍。进二步，踢一脚，退一步，打枯树盘根。背弓退出迎转坐洞，偷步滚身四平。推二棍，进二步，大亮枪，推二棍，进二步，扎一枪，棍根打披身。推二棍，进二步，扎一枪，进步打跌膝，迎转滚身四平。推二棍，进二步，阴挽手，扎一枪，闪身出迎金鸡独立。推二棍，进二步，扎一枪，五花出

迎转铁扇紧关门。

5. 破棍。

（1）第一路谱。

四平搭外扎里：法曰："圈外搭，圈里看，我立四平。彼搭我圈外，扎我圈里。"

双封单闭：彼扎我圈里，我劈开彼棍，扎彼圈里。或手或心或肋，圈外皆同。

封枪锁口：彼扎我圈里，我拿开棍，进步指彼咽喉。

大梁枪：彼见我指咽喉，扎我膝脚，我用高提彼棍。

勾挂硬靠：彼见我提棍，棍则起削我手，我顺彼势力，勾挂进步走圈外，硬靠打彼手。

一提金：彼见我棍上打手，彼下打我膝脚，我用棍根提彼前手。

上封枪：彼见我提手，彼棍起，我进步用棍梢打彼手。

勾挂秦王跨剑：彼见我打手，下打我脚膝；我进步用棍根提彼手。彼棍则起，我顺彼势，勾挂进步走圈里，扎彼心肋。

前拦搏：彼见我扎心肋，下扎我膝脚，我移右脚，用棍梢提彼手。

护心枪：彼见我提手，上扎我心，我挤进拿开彼棍，锁彼口。

滚枪锁口：彼见我棍锁口，彼棚起我棍，我抽棍复扎彼咽喉。

（2）破棍第二路谱。

外滚手、黑风雁翅：我立四平，彼搭我圈里，扎我圈外。我用外滚手，勾开彼棍，用雁翅偏在圈外。

封进步锁口：彼见我势偏在圈外，彼必扎我圈里。我硬封开彼棍，进步锁口。

脚下枪提手：彼见我锁口，下扎我膝脚，我一提，彼扎我面心。我拿开彼棍，扎彼心面。

大梁枪、勾挂乌云罩顶：彼见我扎心面，彼扎我膝脚，我一提，彼棍则起削我手。我则顺彼势力，勾挂进步走圈外，打彼头耳。

剪步群拦：彼见我打头耳，彼用棍勾开我棍，我顺彼势力，剪步跳出立群拦。

勾跨剑：彼见我立群拦，扎我圈外。我勾开彼棍，立跨剑。

打群拦：彼见我立跨剑，扎我圈里。我劈开彼棍，复立群拦。

进步一提金：彼见我复立群拦，扎我圈外。我拦开彼棍，进步入彼圈外；彼棍下扫我脚，我用棍根一提。

单杀手：彼见我一提，彼棍勾起削我手。我丢放前手，单手斜打彼手。

（3）破棍第三路谱。

太公钓鱼：我立钓鱼势，开圈外门户，彼扎我圈外。

孤雁出群：我勾拿开彼棍走出。

鹞子扑鹌鹑：彼见我走出，彼随后扎我右肩背。我闪开进步斜劈彼头手，立群拦。

群拦一封手：彼见我立群拦，彼扎我圈外。我拦开彼棍，复立群拦。

二换手、一提金：彼见我复立群拦，彼乃扎圈外。我勾开彼棍，换右手在前，圈外提彼手；彼棍起，我进步用棍根打彼手。彼棍打我膝脚，我用棍梢一提。

前拦搪锁口：彼见我提手，彼棍起削我手。我顺彼势力，勾挂走圈里，棍梢扎彼心肋。彼打我脚膝，我用棍根提彼手，彼棍起扎我心面。我用棍根拿开彼棍，锁彼口。

持棍搏击在技不在力。俗话说："拳怕少壮，棍怕老狼"，徒手搏斗，力气大者可占不少优势，但用棍搏击，情况就不同了。棍法在技击上不主张硬拼劲力，而是讲究技巧方法，刚柔并用。用棍搏击时，要考虑两棍之长短，量度距离之远近，计算时间之迟速，明确生死棍的变化，生死门之趋避，老嫩棍之进退，发力点之控制，回击点之内外。掌握了这些才能算是学到了上乘的棍法，才能在搏击中得机得势，巧妙地战胜对方。

棍法搏击技巧

1. 力点。以棍击人，最有力的地方是在棍尖和离棍尖约一尺内的一段棍梢中。这段棍的击打力量比其它地方击打力量要大。所以，棍尖和离棍尖一尺以内的一段棍梢中的任何一点，都称力点。敌我双方搏击，彼此都想用这一段棍来打对方。

2. 先锋手。两手握棍，在前面的手叫先锋手，棍的力发自先锋手，所以先锋手为发力点，如先锋手受伤，力则无从发出。所以，凡是敌人发棍攻来，我要避其力点，而制其先锋手。

3. 生死门。向生门闪，就是避开敌棍的力点，若向死门走，即自己投身于敌棍的力点之内，自投罗网。当对方发棍攻来的一刹那间，要立刻判断出哪边是生门，哪边是死门，应该向哪边闪避。这需要平时细心研究、练习才能做到。下面提出一个原则性的判别，即从棍的力点前进的方向来判别，如敌用中平枪刺来，则敌棍尖前进的直线两侧是生门，我可向左闪，也可向右闪。敌用横扫棍攻来，则顺棍尖发出之弧线的方向力尽点为生门。例如：当敌用横棍向我左肋扫来，此时我如向左侧闪身，则是走死门，迎敌所击，若向右前方闪避，则是走生门，避力点。

4. 生死棍。两棍交叉，如我棍在敌棍上面，我棍称为生棍，因为此时棍可以自由灵活攻敌。如我棍被压在敌棍的下面，则我棍称为死棍，因我棍受敌棍的克制，不能自由进攻。死棍应采取守势，伺敌发出攻势时才顺势反攻。

5. 运转圈点。在与对方相持的过程，为了控制对方，变棍攻敌，往往使用粘缠圈转法，使棍尖作圆周运动。棍尖运转的圆圈大小要适当，如圈点太小，虽然运棍的速度快，但扣击的劲力不强，如果圈点太大，则运棍的速度缓慢，容易被对方闪避。因此，棍尖运转圆圈的直径不要超过一尺半。为了战胜对方，我们应该使棍尖运转的圈点尽量小，而又能发出足够的扣击劲力。需知在能发出同样劲力的情况，圈小胜圈大，因为圈小则速度快。

6. 控制圈。在与对手对峙时，我把棍尖指向对方，要跟着对方的闪避进退而变，始终使对方落入我棍尖圈击的范围内。如果我的棍尖不离直径尺半的圆圈，对方则始终落入我的圈击范围内，这是因为一个"人的胸宽不超过一尺半的缘故。反过来，敌人发棍攻我时，我要迅速闪身，走出其尺半控制圈之外，才可避免受击。这就是所谓的"出圈与入圈"。具体他说，出圈是使对方攻来之棍，快到来时突然失去目标，使其进棍落空。入圈就是在出圈之霎时，我趁移步换形之际，同时进棍攻入对方之内圈，使对方进攻之棍无法及时收回招架。在这里，当对方的棍攻来，如何使对方的棍落在圈外，这是更重要的一着，此时我纵然攻他不中，也无危险。因为我已出其控制圈，且封闭门户了。关于出圈有一闪二迫三招架之法。闪，就是对方发棍攻来时，我闪身移步，走出对方棍的控制圈，并顺势反击。迫，就是敌棍压住我棍，我收棍绕身，使己棍靠近自身，我逼步向前，用棍向外逼拦敌棍，使敌棍被阻拦在我棍外面，使对方的棍力点从我的内圈变为在我的外圈，从而化解对方的攻势。招架，就是敌棍攻来已接近时，我举棍招架，暂时不反攻，静而待变，注意其变棍，等敌人再发出攻击时方顺势反击。这是虚招架暗藏伏击，是以柔化刚，以静制动，以奇取胜的棍法。我守而不攻，故意示人以怯弱，使敌骄傲无备，接连发棍攻来，使我得以乘其空隙，攻其无备，这就是取胜之道。

棍术在技不在力。凡棍长丈二，手操其中，两端各空出五、六尺，手动寸许，前后两端所展开便有尺许，动尺便可及丈。临敌，身常侧立，这样，要防守的区域纵有七尺，但手只须在上下左右七寸间展开。所以，力不虚用，握也坚固。挪展身形、只在数尺之地进退闪让，棍影如山，环护周身，棍势如长虹饮涧，拒敌若城壁，破敌若雷电。

刀　术

刀术概论

刀，利器，善者用之则善，恶人用之则歹，诚望使刀之人，一心向善。

刀，必须练而不僵，习而不呆，必须"人刀合一"，万不可沦为"刀奴"。何为刀奴？死搬成式、死用招法、习而不悟、练用不分，思想上仅停留在刀的虚表形式，此即为"刀奴"。

刀之要素：手感、腕感、身势、步势、合势、疾速、劲力、精神、反应、本能……这些要素皆刀之质。

刀之法，劈、撩、扫、云、刺、撞、划、拨、圈、挑、穿，习者练之，不出一周即可全面掌握，而这些仅仅只是外形之法，内在之质却非朝夕可成。

刀之手感在掌心、在手指，要松活、坚韧而有力。要在坚韧的基础上松柔活畅地握刀，要有十分轻松之感。握刀不可紧，过紧则易僵，不易突动运刀。注：僵紧握刀之形，如果掌指之劲微涵而非死死攥紧也是可行的，并非这种外形就代表僵紧。

刀之高手，腕力必足，腕儿必活。古人有语"练好刀剑，不高腕脖"。腕上之力必须具有完全控制手中刀的本力，不过仅有这般本力尚且不够，必须具有弹振惊抖之瞬爆力，并且定要做到可连续性抖振，若仅能惊抖一下远远不够。腕儿要活、要松，同样要具有韧性。柔活的腕儿要如棉花般柔软，如行云流水般随意流畅，如盘绕之蛇般可左旋右绕上缠下翻，其韧性如山间野藤，其振弹如灵蛇受惊猝然而发。

刀之身势，枢纽在腰胯，下接双足，上承身躯。其身势之动，非仅上半身之动，而是上下相应，合整协动，否则便成无根之浮萍，虚浮而无力，虽却动非灵动。身势之动：拔、缩、晃、弹、前、后、侧、闪、旋。欲使身势拔起迅速，必须先习缩势，持刀以自然形态站立，猛地快速缩身，缩身要快，仿佛一付骨架突然没了支撑，猛然坠下一般。于缩势之基础练习拔势，身形猝然而动，不能有任何牵强之感，也不能有任何做势之势，仿佛压缩的弹簧猛然弹开，要仔细体会周身骨节节节贯穿的感觉。另要注意，是"势"的拔起，而非外形的绝对拔起。"势"是整体的走势、劲力的走势，并不表示只有外形拔得很高才称为"拔势"。拔势之关键在于突发，与技术紧密相扣。时常练习忽缩忽拔，忽拔忽缩的势，会加大加强身势、整势的弹性灵动，伸缩吞吐的能力。

刀之步势，必须与周身与刀技合而为一，此又涉及合势。人刀合一，即指身、手、步刀合整划一，灵动异常，非人控刀，亦非刀带人，而是互不相控，本能自然。步势之动，要能快、亦能慢，要能突发，亦能突止，要能飘忽变幻，亦能践踏冲撞。步势之动，若自始至终总是疾快，此不可取，不为上等。步势一开，不断走动，灵变敏捷，忽猝然疾发，奇快如闪，忽突然停止，变幻位移。刀技要与步势做到移中杀、闪中杀、旋中杀、冲进杀……此是疾动，猝动杀。在步势徐动、突止时要做到刀法灵动，可随时突动，随时突杀，此是为慢中灵、静中动、慢中快、静中警，仿佛飞动之蜂，其于空中虽慢飞却异敏，虽停于空中，但形虽静，内在机质却振动勃然，可随时变势，随时警动，随时突杀。如此步势之动，不盲动，不滥动，忽疾忽徐，忽发忽止，忽冲忽闪，忽绕忽旋，快而不盲目，慢而不呆滞。步势之法，前进突击，后撤瞬退，侧移忽闪，疾换快变，徐动绞绕，猝动旋走，互过连进，瞬抽突出，进步、上步、退步、撤步、连步、互过步、碎点步、低跃步、高跃步转步、换步、闪步、冲击步……步之法易练，易学，所有步势，稍经学练即可掌握，步势动起之后的速度，苦练不出半月，其速便甚为可观。步势所不易成，而又是特为关键之处便是：步之启动，要瞬快如闪，毫无预兆；步之突止，说停即停，不失重心，且灵动异敏；步之瞬变，要能在进、退、侧、绕、逼时瞬间变势，快速换步；步之应警猝动，无论何时，一有警况，双足猝然惊动，快疾而运，无论是在运步之时或是静态之时，均要做到不牵强，无预兆地猝然疾运。

刀之劲，周身之劲。仅是腕臂之力大大不够，必须身劲、腿劲、步劲、裆劲、胯劲合整划一，并能借助走势之劲方可成为刀劲。此时之刀劲，狠猛犀利，凌厉沉重，但缺一灵动之劲。灵动之劲非杀式之劲，而是一种灵敏劲，活劲。杀式与杀式之间的转换，杀式出与未出的承接，步势身势开动而刀势敏蓄，这些都需要灵动之劲。灵动之劲于整体韧劲，人刀合一的层次要求颇高。具体到练习之中，有定步、活步揉刀，即以腕指臂之韧劲与周身合协，将刀徐徐揉动，可旋揉，翻缠揉，高度与角度随意，需以警觉之态而做。以及突蓄稳劲，即运刀之时，突对准某物击杀，于刀锋或刀尖将至之时瞬间止住，并快速疾换另一杀式击之，再在将触之时瞬止，再快速疾换杀式，如此反复。另有蛇形穿刀之法也十分见效。

刀之本能、反应，应当"不思而做，不思而达"。动作达本能之状态，在于日常修炼之纯熟，在于神经系统反应之疾速。反应，乃神经系统疾敏应激的表现，故而应努力于瞬间而动、各部统一、浑然一体的训练。眼神应似看非看，不专注于一点，凭感应而做，便仿佛双目平视。天空忽过一飞鸟，虽没盯住天看，但眼之余光已感觉到飞鸟；又仿如人独坐屋中，身后有人悄然走近，眼虽未看，但有一特殊感觉，能感应出身后有人。此种感觉，决非胡吹，任何人均可一试，让人悄悄慢慢地从身后靠近，一般人，十次之内至少二三次能感觉到，此之为人体第六感觉。其实亦就是人体神经系统之灵敏感应，只不过常人之感应较时常训练之人慢，而且呆滞，不灵敏。不过，此种方式仅为训练，虽能帮助提高应付身后突袭之感应力，但此方式主要仍是增进第六感应激能力，并非绝对可以快速感应并解决身后所有突袭。当今武林，无一人可以做到绝对，千万不可托大。例举此两种，虽为感应初级训练部分，但依此习之一段时日，即可取得大大提高之效果，若需加入本能动作，则在练习中加入各部协和的应激动作即可。

初级刀术

*1. 裹脑：*刀术的基本方法之一，用以防守，并利于迅速转入攻击。可分为缠头刀、裹脑刀两种。是刀术基本训练内容之一。

（1）缠头刀：刀尖下垂，刀背沿左肩绕过右肩，头部正直，常衔接平扫刀，收藏于左腰侧。

（2）裹脑刀：刀尖下垂，刀背沿右肩贴背绕过左肩，头部正直，常衔接藏刀动作，收右胯。

*2. 劈刀：*刀由上向下为劈，力达刀刃，臂与刀成一直线，抡劈刀沿身体右侧或左侧抡一立圆，后抡臂要求与转体协调一致。

*3. 砍刀：*刀向下方或左下方斜劈为砍。

*4. 扎刀：*刀刃朝下、朝上或朝左，刀尖向前直刺为扎，力达刀尖，臂与刀成一直线，平扎刀刀尖高与肩平，上扎刀刀尖高与头平，下扎刀刀尖高于膝平。

*5. 藏刀：*刀身横平，（刀尖朝后，刀刃朝外）藏于左腰后为拦腰藏刀，刀身竖直藏于左臂后为立藏刀。

*6. 架刀：*刀刃朝上，由下横向上为架，刀高过头，力达刀身，手心朝里或朝外。

*7. 抱刀：*刀柄朝前，两手相交，刀背贴于左臂，向前平举为平抱刀，左手持刀，左臂下垂，刀尖朝上，刀背贴于左臂为立抱刀。

*8. 抹刀：*刀刃朝左（右），由前向左（右）弧形抽回为抹，高度在胸腹之间，力达刀刃，旋转抹刀要求旋转一周或一周以上。

9. 斩刀：刀刃朝左（右），向左（右）横砍，高度在头与肩之间，力达刀刃，臂伸直。

10. 扫刀：刀刃朝左（右），向左（右）横砍，与踝关节同高为扫，力达刀刃，旋转扫打要求旋转一周或一周以上。

11. 按刀：左手附于刀背或右腕，刀刃朝下，平向下按，高与腰平为平按刀，接近地面为低按刀。

12. 背刀：右臂上举、刀背贴右臂和后背右侧为背后背刀，右臂侧平举，刀背顺贴于右臂为肩背刀。

13. 剪腕花：以腕为轴，刀在臂两侧向前下贴身立圆绕环，刀背分明。

14. 撩腕花：为腕为轴，刀在臂两侧，向前上贴身立圆绕环，刀背分明。

15. 挂刀：刀尖由前向上、向后或向下，向右为挂，力达刀背前部，上挂向上，向后贴身挂出，下挂从，向后贴身挂出，抢挂贴身立圆挂一周。

16. 撩刀：刀刃由下向前上为撩，力达刀刃前部，正撩前臂外旋，手心向上，刀沿身体右侧贴身弧形撩出，反撩前臂内旋，刀沿身体左侧撩出，余同正撩。

枪　术

枪术概述

枪是古代重要兵器，是中华传统武术器械的四大名器之一，被誉为百兵之王。枪术是中国传统武术的代表性项目，是武术竞赛的重要项目。

枪缨的长度不短于 20 厘米。枪法以拦、拿、扎为主，这是枪术的基本动作。扎枪要平正迅速，直出直入，力达枪尖，做到枪扎一线，出枪似潜龙出水，入（缩、收）枪如猛虎入洞。扎枪又有上平、中平、下平之分，以中平为要法，故有"中平枪，枪中王，当中一点最难挡"的说法。单扎、对扎的训练是基本功，也具有健身与表演的效果。拦、拿枪法，是挡拨防御之法，动作绕圈不宜大，防对方兵乘虚而入。此外，还有崩、点、穿、劈、圈、挑、拨等，都是枪术常用方法，要求缠绕圆转，劲力适当，方法正确。练枪时，身法要求灵活多变，活动范围大，步法要轻灵、快速、稳健，故有"开步如风，偷步如钉"之说。腰腿、臂腕之力与枪要合为一体，并要劲透枪尖。枪术在十八般武艺中比较难学，不易掌握，俗说："年拳，月棒，久练枪"。枪的套路内容也十分丰富，如杨家枪、梨花枪、六合枪、四平枪、锁口枪、五虎断门枪等等。

长枪之物，由来最古，车战时代，将士利用长兵，弓矢之外，惟以矛为最适宜，故矛有丈八之称，枪之来，实始于此。惜当时虽为战斗之具，惟无一定使用之法。两阵相对，不过借此兵器，遥相击刺而已。相传枪实传自苗蛮，枪谱载：西方有武吃氏者，民以勇悍着，不论男女，都娴武艺，艺精者王，群众慑服，莫敢有违。故武吃氏之族，小儿五六岁，即令习武，孱弱不能军者，父母弃之，里人不与伍。其族尤以长枪法着，枪长七尺至八尺，金其锋而以木为柄，舞动时，寒星点点，银光鑠鑠，泼水不能入，用以临敌，矢石所不能摧，此有枪法之始也。按西方疑指西域，武吃氏之族，不得其考矣。至于此法于何时传入中原，则又各异其说，亦不必深究。总之枪法之起于武吃氏也，可以无疑。

枪和矛一样，是古代战场上使用最广的长形刺兵，后汉已有载录，但是刀刃锐长，还未脱离矛头形式。因为长矛使用不便，晋代开始逐渐流行用枪，当时所用的青铜矛头，体制也较以前略小，已与后世的铁枪头相类了。唐代善枪者甚多，《五代史·王彦章传》说："彦章为人饶勇有力，能跣足履棘行百步，持一铁枪，骑而驰突，奋疾如飞，而他人莫能举也，军中号王铁枪。"宋代以后，矛基本上就被枪所代替了。未曾公亮的《武经总要》就列举了十八种宋代长杆铁枪，其中有：捣马突枪、双钩枪、环子枪、单勾枪、拐枪、拐突枪、锥枪等。南宋抗金名将岳飞，极善使枪，至今尚有岳家枪法。

明代是武术发和分枝的盛期，所以枪术在这个阶段，理论和技术都有明显的提高，各家枪法，相竞争艳。何良臣《阵纪》说："马家枪、沙家竿子、李家短枪，各有其妙，长短能兼用，虚实尽其锐，进不可挡，速不能及，而天下称无敌者，惟杨氏梨花枪法也。"当时推崇杨家枪法，是因为杨家枪"有虚实，有奇正；其进锐，其退速；其势险，其节短；不动如山，动如雷震"。明崇祯八年（1635年），兵部侍郎毕懋康《军器图说》，载有一幅喷火烧灼的梨花枪图，并说明道："梨花枪以梨花一筒，系缚於长枪之首，发射数丈，敌著药昏眩倒地，火尽则用枪刺敌。"这种枪兼有火器效能，在新式火器出现之前，显然是一种有效的利器。

到了晚清，长枪趋于简单，偏重扁镞形刃，圆底筒，直到今天武术运动就是使用这种类型。目前流行的枪有大枪、花枪、双头枪、短枪、双枪、钩枪等。枪的用法主要有：扎、刺、挞、抨、缠、圈、拦、拿、扑、点、拨、舞花等。

持枪

拳语讲："一寸长，一寸强，一寸短，一寸险"。是说武术在应用中，不管是徒手还是持器械，都力求"放长击远"。枪若扎得远，除腰臂顺达外，"持枪必须尽根，余谓枪根当在掌中，与臂骨对直，则灵活而长"。"尽根"，即使枪根不露手外，可最大限度增加枪的活动范围，同时，远离对方锋芒，保护了自己。因此，多了"一寸强"，少了"一寸险"。

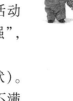

"枪根当在掌心中"，抵住枪的底部握住把端（似握螺丝刀状）。当枪扎出时，枪杆与臂骨对直在一条线上，合力尽透枪尖。如果不满握枪根而留出一段，称为"露把"这样，手臂和杆形成角度，不但出枪短，而且，当扎到目标时的有反作用力，必然分散手臂的力量。即手须紧握杆，防止向前滑动；腕须挺住，防止前冲；避免脱把和扭伤。这样，减小了扎枪的力度。

"枪是缠腰锁"，即将枪贴在腹部右侧肋下，手心朝里握把，象把杆锁在腰上。这样，使枪既有稳定的依托，又减轻了手臂的负担。同时，枪与身合，可以更好地发挥腰力的作用。将枪法控制在有效的范围内。如果离开了腰，"尖拿拦而枪根稍起，则全体皆浮"。没了根基，整个枪法就会游离漂浮，杂乱无章，失去控制，另外手臂还易疲劳，端枪不能持久。

初级枪术

预备动作（虚步托枪—弓步扎枪）

第一段

1. 插步拦拿中平扎枪

2. 跳步拦拿中平扎枪

3. 绕步拦拿中平扎枪（右脚在前扎枪）

4. 插步拦拿中平扎枪

5. 提膝转身弓步中平枪

第二段

6. 上步弓步推枪（右脚先上 *3* 步，双手，右弓步推枪）

7. 仆步低平枪

8. 提膝抱枪（换手）

9. 提膝架枪（换手）

10. 弓步拿扎枪

11. 马步盖把枪

12. 舞花拿扎枪

第三段

13. 上步劈、扎枪

14. 挑把转身拿扎枪

15. 横档步劈枪

16. 虚步下扎枪

17. 歇步拿枪

18. 马步单平枪

19. 插步拦拿中平扎枪

第四段

20. 转身中平扎枪

21. 转身拉枪

22. 插步拔枪

23. 并步下扎枪

24. 跳步中平枪

25. 拗步盖把枪

26. 仆步劈枪

27. 弓步中平枪

28. 马步挑把枪

29. 转身弓步中平枪

30. 虚步托枪

收式

3. 武术竞赛的规则

竞赛性质

1. 竞赛类型为：个人赛、团体赛、个人及团体赛。

2. 按年龄可分为：成年赛、少年赛、儿童赛。

3. 按以往比赛成绩可分为：甲级赛和乙级赛。

每一次的竞赛性质由竞赛规程确定。

运动员年龄组别

1. 成年组：18 周岁以上（含 18 周岁）。

2. 少年组：12 周岁至 17 周岁。

3. 儿童组：不满 12 周岁。

进场比赛礼仪

指进场、退场、起势、收势、套路计时、配乐与礼节。

1. 运动员听到点名或看到电子显示姓名后，应立即进场待裁判长示意后，可走向起势位置。运动员身体任何部位开始动作即为起势（计时开始）。集体项目在行进间开始动作者，须事先向裁判和申明。

2. 运动员完成整套动作后，须并步收势（计时结束），再转裁判长行注目礼，然后退场。不允许边转向裁判长边收势。对练以倒地或抛弃器械结束整套动作者，须先站立做并步收势（计时结束），再去收拾器械。

3. 运动员应在同侧场内完成相同方向（左右不得超过 90 度）的

起势与收势。集体项目必须在场内完成起势与收势，方向、位置不限。

4. 计时以临场裁判组的计时表为准。裁判组用两块表计时，以接近规定时间的表为准。

5. 除集体项目外，任何项目在比赛时均不得配乐。

6. 运动员听到上场比赛的点名和赛后示分时，应向裁判长行抱拳礼。

评分方法与标准

1. 长拳、太极拳、南拳、剑、刀、枪、棍的评分方法与标准。

（1）评分裁判员的组成。由评判动作规格的裁判员三至五名和评判演练水平的裁判员三至五名组成。

（2）裁判员评分。各项比赛的满分为10分，其中动作规格分值为6.8分，演练水平分值3分，创新难度分值为0.2分。

①动作规格分的评定。

a. 裁判员根据运动员现场发挥的技术水平，按照各竞赛项目的动作规格要求，减去该动作规格中出现的错误扣分和其他错误的扣分，即为运动员的动作规格分。

b. 动作规格的评分标准：该类分值满分为6.8分。

动作规格扣分：凡手型、步型、身型、手法、步法、身法、腿法、跳跃、平衡和各种器械的方法与规格要求轻微不符者，每出现一次扣0.05分；与规格要求显著不符者，每出现一次扣0.1分；与规格要求严重不符者，每出现一次扣0.2分。一个动作出现多种错误时，最多扣分不得超过0.2分，出现三次以上扣0.5分。

同一手型（包括剑指）每出现一次轻微错误扣0.05分，出现两次扣0.1分，出现三次以上扣0.2分；同一步型、步法、器械方法出现一次轻微错误扣0.05分，出现两次扣0.1分，出现三次以上扣0.3分；出现一次显著错误扣0.1分，两次扣0.2分，出现三次以上扣0.5分。

凡手法、步法、器械方法中属动作不清的轻微错误（太极拳、剑除外），出现一次扣0.05分，出现两次扣分0.1分，出现三次以上扣0.3分。出现一次显著错误如0.1分，出现两次扣0.2分，出现三次以上扣0.5分。

其他错误扣分：下列错误每出现一次，根据不同程度，予以扣分：

遗忘：扣0.1分~0.2分。

器械、服装影响动作：扣0.1分~0.2分。

器械变形：扣0.1分~0.3分。

器械折断：扣0.4分。

器械掉地：扣0.5分。

失去平衡：晃动、移动、跳动扣0.1分。附加支撑扣0.3分。倒地扣0.5分。

规定套路的动作路线、方向错误：扣0.1分。

在一人动作中，同时发生两种以上其他错误，应累积扣分。

②演练水平的评定。

a. 裁判员根据运动员现场表现的整套演练水平，按照各竞赛项目在功力（劲力、协调）、演练技巧（精神、节奏、风格）、编排（内容、结构、布局）等方面的标准，整体比较，确定扣分。从该类分值中减去应扣分数，即为运动员的演练水平分。

b. 演练水平的评分标准：该类分值满分为3分。

劲力水平分值为1分（劲力、协调各占0.5分）。

凡劲力充足，用力顺达，力点准确，手、眼、身、法、步配合协调（器械项目还需身械协调），动作干净利落者，不予扣分；凡劲力或协调与要求轻微不符者，扣0.05分~0.1分；凡与要求显著不符者，扣0.15分~0.3分；凡与要求严重不符者，扣0.35分~0.5分。

演练技巧分值为1.5分（精神、节奏、风格各占0.5分）。

凡精神饱满、节奏分明、风格突出者，不予扣分；凡精神、节奏、风格的任何一面与要求轻微不符者，扣0.05分~0.3分；凡与要求严重不符者，扣0.35分~0.5分。

编排（内容、结构、布局）分值为0.5分。

凡符合内容充实、结构合理、变化多样、布局匀称的要求的，不予扣分；凡与要求轻微不符者，扣0.05~0.3分；凡与要求严重不符者，扣0.35~0.5分。

③裁判员的示分。

裁判员所示分数可到小数点后两位数，小数点后第二位数必须是0或5。

④应得分数的确定。

a. 动作完成应得分与演练水平应得分之和即为运动员的应得分数。

b. 动作完成应得分与演练水平得分的确定：三个裁判员评分，取三个分数的平均值为运动员的应得分；四至五个裁判员评分，去掉最高分和最低分，取中间两个或三个分数的平均值为运动员的应得分。运动员的应得分数只取到小数点后两位数，小数点后第三位，不作四舍五入。

⑤最后得分的确定。

裁判长从运动员的应得分中减去"裁判长的扣分"再加上"创新难度动作"加分，即为运动员的最后得分。

2. 裁判长的扣分。

（1）起势、收势。

①起势与收势方向不符合要求者，扣0.1分。

②起势与收势有意拖延时间，一个动作达8秒者，扣0.1分；达10秒者，扣0.2分；达12秒者扣0.3分。

（2）重做。

①运动员因客观原因，造成比赛套路中断者，经裁判长许可，可重做一次，不予扣分。

②运动员动作遗忘、失误、器械损坏等原因造成比赛套路中断者，可重做一次，扣1分。

③运动员临场受伤不能继续比赛者，裁判长有权令其中止。经过简单治疗即可继续比赛的，可按排在该组最后一名继续上场，按重做处理，扣1分。

（3）出界。身体的某一部位接触线外地面，扣0.1分；整个身体出界，扣0.2分。

（4）平衡时间不足。凡指定的持久平衡动作的静止时间不足1秒者，扣 0.2 分；不足 2 秒者，扣 0.1 分。

（5）套路完成时间不足或超出规定时间。太极拳，太极剑和集体项目不足或超出规定时间在 5 秒内者（含 5 秒），扣 0.1 分；在 5 秒以上至 10 秒以内者（含 10 秒），扣 0.2 分，依次类推。其他项目不足规定时间在 2 秒以内者（含 2 秒），扣 0.1 分；在 2 秒以上至 4 秒以内者（含 4 秒），扣 0.2 分，依次类推。

（6）器械、服装不符合规定。在比赛中，发现运动员器械或服装违反规定，则取消其该项成绩。

（7）动作组别不够。任何自选套路，动作组别少于规定的要求时，每少一个手型、步型、腿法、跳跃、平衡动作和规定的一种方法，扣 0.3 分。步型和平衡动作，均以定势为准，过渡的或一晃而过的都不算规定的步型和平衡。

（8）规定套路的动作缺少或增加。

①漏做或增加一个完整的动作，扣 0.2 分。

②跳跃动作的助跑步数或行进动作的步数缺少或增加，每出现一次，扣 0.1 分。

（9）指定动作的扣分。

①未选择一组"指定动作"。除扣去该组指定动作的难度分值外，还应按漏做动作扣分，每漏做一个动作扣 0.3 分。

②附加或漏做。附加或漏做一个或几个动作时，按动作附加或漏做动作扣分，每附加或漏做一个动作扣 0.3 分。

③改变动作。改变动作可视为附加或漏做。

④改变动作方向。每改变一次规定要求的方向，扣 0.3 分。如果由于方向改变出现附加或漏做，则应按附加或漏做扣分。

⑤重做指定动作的部分或全部。对动作中错误的扣分，以第一次完成的动作为准。

⑥因自选套路指定动作位置确定表填报错误，将在该项最后得分中扣 0.3 分。

3. 裁判长以评分的调整。

（1）当评分出现明显不合理现象时，在出示运动员最后得分前，裁判长须报告总裁判长，经总裁判组同意，可召集场上裁判员协商或同个别有关裁判协商，改变分数。被指定改分的裁判必须服从。

（2）当有效分数（除去最高与最低）之间出现不允许的差数时，在出示运动员的最后得分前，裁判长可召集场上裁判员协商或同个别有关裁判协助协商，改变分数。被指定改分的裁判员必须服从。

①有效分之间的差数：动作规格的评分，当平均值在6.5分和6.5分以上时，差数不得超过0.1分；6分和6分以上时，差数不得超堵过0.2；6分以下时，差数不得超过0.3分。

②演练水平的评分：当平均值在2.8分和2.8分以上时，差数不得超过0.1分；2.5分和分以上时，差数不得超过0.2分；2.5分以下时差数不得超过0.3分。

③其他拳、械、对练、集体项目的评分：当平均值在9.5分和9.5分以上时，差数不得超过0.1；在9分和9分以上时，差数不超过0.2分；9分以下时，差数不得超过0.3分。

4. 示分办法。比赛中裁判员一般采用公开示分的办法，即在得到信号后，每个裁判员要公开示分。得分应同时示分，但也可根据比赛需要采用有公开示分的方法。

完成套路时间及场地的规定

1. 完成套路的时间。

（1）长拳、南拳和刀、剑、枪、棍的自选套路，不得少于1分20秒。

（2）太极拳自选取套路3分钟～4分钟（到3分钟时，裁判长鸣哨示意）

（3）太极剑，集体项目3分钟～4分钟（到3分钟时，裁判长鸣哨示意）

（4）其他项目。

单练不得不少于1分钟。

对练不得少于50秒。

（5）如果分年龄组比赛时，长拳、南拳和刀、剑、枪、棍的自选套路，成年组1分20秒，少年组1分10秒，儿童组1分钟。

2. 场地的规定。比赛在场地上进行，单练和对练项目的场地为长14米、宽8米，四周内沿应标明5厘米宽线，共周围至少有2米宽的安全区，在场地的两长边中间各做一条长30厘米、宽50厘米的中线标记。

集体项目的场地为长16米、宽14米，四周内沿应标明5厘米宽的边线，其周围至少有1米宽的安全区，比赛场地上空从地面量起，至少有8米的无障碍空间。

两个比赛场地之间的距离要6米以上。

器材

1. 色别牌：是边裁判员判定运动员比赛胜负所出示的标志。圆牌直径20厘米，木把长20厘米，共计18块，其中红色、黑色、红黑各半色牌各6块。

2. 劝告牌：长15厘米、宽5厘米的黄色板12块，板上写"劝告"字样。

3. 警告牌：长15厘米、宽5厘米的红色板6块，板上写"警告"字样。

4. 强制读秒牌：长15厘米、宽5厘米的蓝色板6块，板上写"强读"字样。

5. 放牌架：长60厘米、高15厘米，红色和黑色各1个。

6. 弃权牌：圆牌直径40厘米，木把长40厘米，黄色2个。在圆牌正反面分别用红黑色写"弃权"字样。

7. 秒表2块（一块备用）。

8. 哨子2个（单、双音各1个）。

9. 扩音喇叭3个。

10. 铜锣、锣锤、锣架1副。

11. 计数器15～20块。

12. 摄像机2台。

13. 公制计量器2台。在腹前交叉摆动。

胜负评定

1. 优势胜利。

（1）在一场比赛中，3次有效使用3分动作者（下台除外）。

（2）在比赛中，双方实力悬殊，台上裁判员征得裁判长的同意，判技术强者为该场胜方。

（3）被重击（侵人犯规除外）倒地不起达 10 秒，或虽能站立但知觉失常，判对方为该场胜方。

（4）一场比赛中，被重击强制读秒（侵人犯规除外）达 3 次，判对方为该场胜方。

（5）比赛中，运动员出现伤病，经医生诊断不能继续比赛者，判对方为该场胜方。

2. 在每局比赛结束时，依据边裁判员的评判结果，判定每局胜负。

3. 一局比赛中，一方受重击被强制读秒（侵人犯规除外）2 次，另一方为该局胜方。

4. 一局比赛中，一方 2 次下台，另一方为该局胜方。两次有效使用 3 分动作者为该局胜方。

5. 一局比赛中，双方出现平局，按下列顺序判定胜负。

（1）本局受警告少者为胜方。

（2）本局受劝告少者为胜方。

（3）体重轻者为胜方（以当天体重为准）。

6. 一场比赛，先胜两局者为该场胜方。

7. 比赛中因一方犯规，另一方诈伤，经医务监督确诊后，判犯规一方为该场胜方。

8. 因对方犯规而受伤，通过医务监督检查确认不能再比赛者，为该场胜方。但不得参加以后的比赛。

9. 淘汰赛时，一场比赛中，如获胜局数相同，按下列顺序决定胜负：

（1）受警告少者为胜方。

（2）受劝告少者为胜方。

（3）体重轻者为胜方。

上述三种情况仍相同，则加赛一局，依次类推。

10. 循环赛时，一场比赛中，如获胜局数相同时，则为平局。

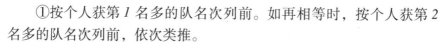

名次评定

1. 个人名次

（1）淘汰赛时，直接产生名次。

（2）循环赛时，积分多者名次列前，若两人或两人以上积分相同时，按下列顺序排列名次：

①负局数少者列前。

②受警告少者列前。

③受劝告少者列前。

④体重轻者列前（以抽签体重为准）。

上述四种情况仍相同时，名次并列。

2. 团体名次。

（1）名次分。各级别录取前六名，分别按6、5、4、3、2、1的得分计算。

（2）积分相等时的处理办法。两个或两个以上的团体相等时，按下列顺序排列名次：

①按个人获第1名多的队名次列前。如再相等时，按个人获第2名多的队名次列前，依次类推。

②受警告少的队名次列前。

③受劝告少的队名次列前。

如以上几种情况仍相等时，名次并列。

编排

1. 编排的准备工作。

（1）学习竞赛规程，掌握下列情况：

①竞赛性质、竞赛办法。

②大会期限。

③体重分级。

④参加办法及人数。

⑤录取名次及奖励办法。

（2）审核报名单。

（3）统计各级别人数。

2. 编排原则。

（1）以竞赛规程、报名表和时间为依据。

（2）同一级别、同一轮次的比赛应在同一单元进行。

（3）一名运动员一天最多安排两场比赛（不在同一单元）。

（4）同一单元的比赛由体重轻的级别开始。

（5）一个单元的比赛，一般安排 15 ～ 22 场。

3. 编排方法。

（1）根据竞赛办法，计算各级别轮次和场数。

（2）编排竞赛日程表。

（3）绘制各级别轮次表。

（4）编排每场比赛秩序表。

（5）淘汰赛可采用抢号的办法。

口令与手势

1. 台上裁判员口令与手势。

（1）抱拳礼。两腿并立，左掌右拳于胸前相抱，高与胸齐，手与胸之间距离为 20 ～ 30 厘米。

（2）上台。站立在擂台中央成侧平举，掌心朝上指向双方运动员。在发出指令的同时，屈臂侧举成 90 度，掌心相对。

（3）双方运动员行礼。双臂屈于体前，左掌盖于右拳背之上，示意运动员行礼。

（4）第一局。面向裁判长席，一手食指竖起，其余四指弯曲直臂前举，成弓步。

（5）第二局。面向裁判长席，一手食指、中指伸直分开竖起，其余三指弯曲直臂前举，成弓步。

（6）第三局。面向裁判长席，一手拇指、食指、中指分开竖起，其余两指弯曲直臂前举，成弓步。

（7）"预备——开始"。立于双方运动员中间成弓步，在发出"预备"口令的同时，两臂伸直，仰掌指向双方运动员。在发出"开始"口令的同时，两手俯掌内合于腹前。

（8）"停"。在发出"停"的口令同时成弓步，单臂成掌伸向双

44

方运动员中间。

（9）消极8秒。两臂前上举，一手小指和无名指弯曲，其余手指自然分开、伸直。

（10）读秒。面对运动员，屈臂握拳于体前，拳心向前，从一手拇指至小指依次张开，间隔1秒。

（11）消极搂抱。双手环抱于体前。

（12）强制读8秒。单臂指向裁判台，拇指竖直，共余四指弯曲。

（13）3秒。一臂伸直仰掌斜上举指向某方运动员，另一手拇指、食指、中指自然分开，其余两指弯曲，掌心向下，自腹前向外横摆动于体侧。

（14）3分。一臂伸直，仰掌斜上举指向某方运动员，另一手指、食指、中指自然分开，其余两指弯曲斜上举。

（15）指定进攻。单臂伸向双方运动员中间，拇指伸直，其余四指弯曲，手心朝下，某方"进攻口令的同时，向拇指方向横摆。"

（16）倒地。一臂伸直指向倒地一方，手心朝上，另一臂屈于体侧，掌心朝下。

（17）倒地在先。一臂指向先倒地一方，在发出"某方倒地在先"的口令同时，两臂在体前交叉，掌心朝下。

（18）同时倒地。两臂体前平伸，后拉下按，掌心朝下。

（19）禁止发声。一臂伸直，虎口张开指向发声的运动员或教练员。而后，拇指与四指合闭。

（20）踢裆。一臂伸直指向犯规运动员，手心朝上，另一手掌心向内，摆动至裆前。

（21）击后脑。一臂伸直指向犯规运动员，另一手俯按于后脑。

（22）肘犯规。双臂屈于胸前，一手俯盖于另一肘部。

（23）膝犯规。提膝，用手拍盖膝部。

（24）一方下台。一臂前平举指向下台一方。另一手立掌，手心朝前，向前平推成弓步。

（25）双方下台。弓步，双手立掌，手心朝前，向前平推。而后屈臂上举于体前成90度，掌心朝后，成并步直立。

（26）警告。一臂伸直指向犯规运动员，掌心朝上，另一手示出犯规现象后，屈臂成90度握拳上举于体前，拳心朝后。

（27）劝告。一臂伸直，掌心朝上指向犯规运动员，在发出"犯规"口令的同时，屈臂成90度立掌上举于体前，掌心朝后。

（28）取消比赛资格。两手握拳，两前臂交叉于胸前。

（29）无效。两臂伸。

（30）急救。面对大会医务席，两手立掌，两前臂在胸前成十字交叉。

（31）休息。仰掌侧平举，指向双方运动员休息处。

（32）平局。平行站于两名运动员中间，握两侧运动员手上举。

（33）获胜。平行站于两名运动员中间，一手握获胜运动员手腕上举。

（34）交换站位。站立在擂台中央，双臂伸直在腹前交叉。

2. 边裁判员手势。

（1）下台或倒地。一手食指伸直向下，其余四指弯曲。

（2）没下台或没倒地。一手立掌，左、右摆动1次。

（3）没看清。双手仰掌，由体前向外屈肘平摆。

4. 武术基本技巧

掌

五指伸直为掌。五指分开的，叫做巴掌；五指并拢的，叫做荷叶掌；拇指展开币其余四指并拢的，叫做八字掌；拇指弯屈而其余四指并拢的，叫做柳叶掌；拇指弯屈而其余四指并拢并且手心内凹的，叫做瓦楞掌等等。

1. 掌的定位。

掌心——手心的一面。

掌背——手背的一面。

掌指——手指的前端（指尖）。

拇指一侧——大拇指一边的手掌边缘。

小指一侧——小指一边的手掌边缘。

2. 掌的变动。

复掌——掌背朝上，掌心朝下。

仰掌——掌心朝上，掌背朝下。

直掌——掌的拇指一侧朝上，小指一侧朝下。

反掌——掌的小指一侧朝上，拇指一侧朝下。

立掌——掌指朝上，腕关节朝手背的一面上屈，使掌背与小臂成九十度角。由复掌部位向上屈腕，即变立掌。这种立掌也叫做正立掌。

侧立掌——掌指朝上，腕关节朝拇指一侧上屈，使食指的边与小臂约成九十度角。由直掌部位向上屈腕，即变侧立掌。

直立掌——掌指朝上，腕关节不屈。即以直掌或复掌的手臂向上直举。

倒掌——掌指朝下，腕关节朝手背的一面向下弯屈。由仰掌部位向下屈腕，即变倒掌。

侧倒掌——掌指朝下，腕关节朝小指一侧向下弯屈。由直掌部位向下屈腕，即变侧倒掌。

直倒掌——掌指朝下，腕关节不屈。即以直掌或复掌或仰掌的手臂向下垂直，横掌一掌指朝左（按右掌来说），屈腕直肘。由立掌或侧立掌向左平倒（按右掌来说），即变横掌。横掌上举于头，虽掌心朝上，也还称为横掌。

其它——凡是在身后反臂斜举时，掌心朝上的掌，叫做反臂仰掌，而掌背朝上的掌，叫做反臂复掌。掌在头顶上举时，掌心朝上，而掌指向后的掌，称为仰掌，而不称横掌。四指卷拢，拇指屈压于食指中节，掌面要平，任何四指不准凸出掌面的是侧立的柳叶掌。

拳

五指卷拢握紧为拳。握拳的方法，就是五指先并拢伸直，然后将食指、中指，无名指和小指的第二、三节指骨（有指甲的一节为第三节指骨）向内弯屈，再将第一节指骨向内弯屈，最后，弯曲大拇指使它的第二节指骨紧压在食指和中指的第二节指骨上。

1. 拳的定位。

拳，四指伸直并拢向后伸张，拇指一节屈拢于食指一侧。

拳心——手心的一面，也即是五指弯曲的一面。

拳背——手背的一面，也即是拳心的反面。

拳面——食指、中指、无名指和小指第一节指骨互并形成的平面。

拳眼——拇指一边的圆孔。

拳轮——小指一边的圆孔。

2. 拳的变动。

复拳——拳背朝上，拳心朝下，平伸前冲的拳，都是复拳。

仰拳——拳心朝上，拳背朝下，屈肘收在腰侧的拳，都是仰拳。

直拳——拳眼朝上，拳轮朝下，由上劈砸而下，手臂平举，停在身前或身侧的拳，都是直拳。

反拳——拳轮朝上，拳眼朝下，反臂斜举在身后的拳，都是反拳。

立拳——拳面朝上。直臂上举的拳，或弯肘使拳面朝上的拳，都是立拳。

垂拳——拳面朝下，向下栽伸的拳，都是垂拳。

其它——凡是反臂斜举在身后，拳心朝上的拳，叫做"反臂仰拳"。拳背朝上的拳，叫做"反臂复拳"。

钩

五指撮在一起，腕关节弯屈为钩。

钩的定位：五指尖捏拢屈腕。

爪

在拳术中的爪，分龙爪、虎爪和鹰爪三种。

1. 龙爪。食指、中指、无名指和小指并拢，大拇指伸开，腕关节尽量向手心的一面弯曲，拇指下垂尽量向小、臂处牵引，而其余四指向手背一面伸张

2. 虎爪。五指分开，第二、第三节指骨略向手心弯屈

3. 鹰爪。食指、中指、无名指和小指并拢，大拇指张开，五指第二、第三节指骨略向手心弯屈。

腿　法

腿法内容丰富，分屈伸性、直摆性、扫转性三大部分。格斗中腿法灵活机动，变化多端，攻击距离远，力度大，还具有隐蔽性、突出性攻击部位的特点。在运用腿法攻击时，要求做到快速有力，击点准确。

1. 侧弹腿：以左侧弹腿为例，左势站立，上体稍向右侧倾，重心后移，同时左腿曲膝展髋，大小腿自然折叠，脚背绷直，随即由曲到伸，大腿带动小腿向右前横弹，力达脚背。实战范例：左侧弹腿佯攻对方下盘，随即右侧弹腿实击对方上盘。

2. 正蹬腿：以左正蹬腿为例，左势站立，身体重心稍后移，同时左腿屈膝提起，曲肩向前，脚尖上勾，随即从脚跟领先向前蹬出，力达脚跟。实战范例：用正蹬腿攻击对方上盘，当对方运用侧弹腿攻击时，突然用右正蹬腿抢先攻对上盘。

3. 侧踹腿：以左侧踹腿为例，左势站立，身体重心后移，上体稍右转，同时左曲膝提起，脚尖勾起，随即展髋，使脚掌正对攻击方向，使之迅速由曲到伸，向前踹出，力达脚跟。实战范例：以左侧踢踹腿，假装攻击对方下盘，随即用市踹腿实攻对方上盘，左侧弹腿假装攻对方下盘，然后转身踹腿攻击对方上盘。

4. 扶地后扫腿：上体前俯，左腿曲膝前蹲，以前脚掌为轴，向右后方转体带动右腿向左后方弧线擦地后扫，力达脚根。实战范例：当对方以左弹腿攻击我上盘时，拍挡防守后，随即用后扫腿攻击对支撑腿。

5. 横扫腿：以右横扫腿为例，左势站立，重心移至左脚随即上体右后转360度，带动右腿，直腿由后向前弧形横扫，力达脚背。实战范例：当对方用右侧弹腿攻击我上盘时，拍挡防守后随即用右后横扫腿攻击敌上盘。

6. 转身横扫腿：以右转身横扫腿为例，左势站立，重心移到左脚，随即上体右后转360度，带动右腿直腿由后向前弧线横扫，脚面绷平，力达脚掌。实战范例：用右侧弹腿假装攻对方下盘，然后用左转身横扫腿攻击其上盘。

7. 截腿：以右截腿为例，左势站立，重心移到左腿，上体稍左转，同时右摆旋提起，脚尖勾起并外翻，随即向前下方截击。实战范例：当对用抬腿用腿法攻击时，抢先出腿截击其小腿。

摔　法

摔法是在竞技里的格斗中以巧妙的技法使对手倒地的方法。在格斗中，用摔法必须做到快速果断因为是竞技里的格斗，所以不能给对方留下喘息的机会，才能施展自己的有效措施。抱双腿前顶摔，当抱住对双腿被对方下压时，迅速屈肘，两手用力回拉，同时用左肩前顶对方髋腹部，将对摔倒。

1. 抱双腿过胸摔：上前迅速上左步，屈膝弓腰，两手由外向内抱住对方腿根部，左边前顶其髋腹部，随即向前上右步，蹬腰腿抬头将对方向后摔落。

2. 抱单腿拉腿摔：当抱对方单腿时，被对方下压防守迅速右手屈肘，回拉对方小腿下边，同时用左肩下压其腿根部，将其摔出。

3. 抱单别腿摔：抱对方前腿后，左手迅速前伸，别其后支撑腿，同时右手后拉左边前顶对方将对拉倒。

4. 夹颈过背摔：右屈臂夹对方颈部，背向对方，两腿屈膝用右侧髋部紧贴对方前身，然后两腿蹲深向下，弓腰低头，将对方背起后摔倒。

5. 抱腰过背摔：右屈臂抱对方腰部背向对方，两腿屈膝，用右侧髋部紧贴对方前身，然后两腿深蹲，向下弓腰低头，将对方背起后摔倒。

6. 接腿转压摔：当对方用右侧弹腿踢击时上左步。左手抄抱膝弓窝处，右手抓其小腿下端，随即撤右步，上体前俯并右转，同时右手向内搬压将其摔倒。

7. 接腿别腿摔：当对用右侧弹腿踢击时，用右手抄抱其弓窝，左手抓其小腿下端，随即上右脚，至对左腿后，向右转体，右腿别其支撑腿将其摔倒。

第二章

拳击运动的竞赛与裁判

1. 拳击运动概述

拳击运动简介

拳击是戴（拳击）手套进行格斗的运动项目。它既是一项业余的，也是一项职业的运动项目。比赛的目标是要比对方获得更多的分以战胜对方或者将对方打倒而结束比赛。与此同时比赛者（拳击运动员）要力图避开对方的攻击。拳击比赛在由三条绳围绕的拳击台上进行。一场业余拳击比赛有三回合，每回合三分钟。拳击运动员要戴（拳击）手套。其他用具包括：头盔，护齿，运动短裤和护裆。拳击运动员的比赛按体重分级。

赤手的拳术，被古希腊人和古罗马人当作一种为自卫而习练的技艺，而且被列入古代奥运会。1867 年英国采用了昆斯伯里拳击规则，（比赛者）要戴（拳击）手套进行比赛。1880 年业余拳击联合会在英国成立。1946 年国际业余拳击联合会成立。

在世界拳击运动中属于领先地位的国家有美国、古巴、英国和俄国。拳击运动要求运动员具有力量、耐力、速度、灵活、凶猛、协调、果断和勇敢等素质。

拳击运动的特点

拳击同其它体育项目一样，既具有一般体育项目的运动特点，又具有它自己的特殊性。拳击的特殊性，就在于它是运动员双方通过两只拳头的对抗，进行体能、技术和心理的较量。拳击竞技的具体表现形式，是两人在正方形的绳围比赛场地中，戴着特制的柔软手套，按一定的规则和技术要求，进行攻防对抗。攻防的武器只能是戴上特制手套的两只拳头，攻防的目标只限于对方腰髋以上的身体部位。拳击被人们称作是"艺术化的搏斗"。因为高水平的拳手在比赛时，表现出强劲有力的攻防动作，拳法突然迅速、攻势凌厉，令人眼花缭乱，并且动作潇洒自如，姿态优美，给人以艺术性的美感。拳击不但表现出力量、技术、意志、心理、智慧的竞技和健美的艺术，而且可以培养人崇高的审美观，塑造人的心灵。

拳击的比赛规则有自己的独特之处。在国际业余拳联（AIBA）自1997年开始实行的新规则中，规定业余拳击比赛实行5个回合制，每个回合打2分钟，回合间休息1分钟。职业拳击比赛一般是实行10～12回合制，回合中间休息1分钟。业余拳击比赛主要靠技术得分来判定胜负，所用拳击手套大而且厚，比赛时运动员要穿背心、短裤、软底拳鞋、戴护头盔。职业拳击比赛主要靠强烈攻击或将对方击倒判定胜负，被击倒一方如果在10秒钟内不能站立起来恢复比赛，就判对方获胜。比赛时职业拳手的手套小而且薄，赤裸上身、头部不戴头盔进行比赛。业余拳击比赛设有12个级别，职业拳击比赛设有17个级别。

拳击的独特之处还在于人们对拳击运动的不同看法。拳击是人对人的竞技项目，因而比赛时表现出来的打和被打，以及产生的伤害后果，特别是职业拳击中被打倒不能站起的场面，在许多人的思想上产生了极大的异议。有相当一部分人把拳击看作是野蛮、残酷、不讲人道的运动。特别是受商业规律及金钱制约着的职业拳击比赛，由于比赛时缺乏必要的安全保障，并以击倒对方为目的，造成了大量的伤亡事故，更给拳击运动蒙上阴影，这就使得许多人呼吁取消拳击比赛。我们国家在1953年和1959年两度暂时停止拳击运动，目的就是为了考虑运动员的安全。但是，这种担心和忧虑是没有太大必要的，如果对拳击运动有了深入的认识和了解，人们就不会对拳击持怀疑和反对态度。

在拳击比赛中，产生伤害事故的现象主要发生在职业拳击比赛中。即使如此，在开展职业拳击非常普及的美国，职业比赛时运动员头部受伤的比率仅排在所有运动项目受伤率中的第9位。国际业余拳联公布的统计结果显示，在世界上的运动项目中，业余拳击的伤害率仅排在第11位，远比滑雪、赛车、曲棍球、橄榄球、足球、体操等运动项目低得多。由此可以说明，拳击并不是最危险的运动项目，其伤害率比起其它有些项目要低得多。

由于拳击需要肌肉的强大爆发力，需要完善的技术和战术，所以拳击是最复杂的竞技运动之一。比赛时面对瞬息万变的赛场情况，要求运动员能在极短的时间内准确地了解对方的基本状况，同时还要迅速作出相应的判断并采取相应的行动，利用强有力的身体和娴熟的技术、多变的战术进行攻击和防守，并且要具有战胜对手的信心和勇敢顽强的意志品质，从而战胜对手。参加拳击比赛必须要经过长期系统的训练，练就强健的体魄，掌握优良的技术，能灵活运用多种战术，还要具有顽强拼搏、勇于争胜的意志品质。这不仅对拳击爱好者和拳击运动员的身体素质和心理素质提出了很高的要求，而且对增强拳击爱好者和拳击运动员的身心健康具有极大的锻炼价值，这是拳击运动具有的最明显、最优秀的特点。

2. 拳击运动技术

拳击正确站立姿势

拳击者的体重应均匀地分到两脚趾骨基节部位，然后，轻松地上跳，在着地时，还要使体重均匀地分布到两脚趾骨基节部位上，要求上体要直，不破坏站立姿势，着地时像猫似的轻松落地。以下讲的是以右手在后为准（左撇子应同他相反）

下半身

1. 首先面对对方，相隔半步，双臂自然下垂站稳。

2. 面向对方，左脚向前出 35～45 厘米。也可以根据自己的身高和习惯来确定距离，一般使自己感到舒适为好。

3. 右脚与左脚呈 45 度角，为了减少一点幅度，右脚跟往右侧开一点，左右分开的距离为 20～30 厘米。这样的站法主要目的是在受到外来打击时，身体保持平衡。假如站成一条横线，受不住从前方来的直拳，容易后倒。站成一条竖线，容易横倒对攻防两方面都不利。

4. 后脚跟抬起 5 厘米左右，把自己的体重均匀的落到前后脚趾骨基节部位。前腿的膝关节微屈，同时，后脚也跟着前脚微屈膝重心放置在两腿之间，身体不论处于静止还是移动状态，重心投影均不得越出两足以及两足间的支撑面。

上述是对拳击时下半身的基本姿势要求，这样做的主要目的是可以利用膝盖的屈伸力量加强后脚的蹬力、重心移动灵活。但要注意不要右脚跟着地，以免影响脚移动速度。现代拳击最讲究的是速度。两脚距离大，影响速度的发挥，但稳定性好适用于猛攻型选手。距离小，速度快，但稳定性差，适用于技巧型选手。

上半身

1. 头形。低头收下颌，前额朝向对手，双目注视对手眼睛，上下齿合拢，舌贴上腭，脸部表情自然。一般看对方的眼睛能看出对方的进攻意图。现代美国提倡的一种方法是注视对方的脚法，这样的优点是能看出对方的一举一动，而自己的意图又不易对方发觉。

2. 上半身自然地落在腰部。不能把上身向左、右、前、后歪。上体应斜向对方，微前含胸，左肩略向前，两肩勿过分耸起，也不要下垂。身体向左或向右扭动时，以腰部和髋关节作转动轴。

3. 臂形。左臂在前，右臂在后。左拳略高于肩，同对方的下巴平齐，防护左面颊，左肘屈大于 90 度，下垂防护左肋。右拳置于肩前，防护右面颊，右肘屈小于 90 度，下垂防护右肋，有拳轻轻握紧并对准对方的下巴。为了保护自己的下巴和左耳，左肩向前伸出的同时，稍上提。注意。如果提得过大，就会增加疲劳，影响左手的刺拳速度。上述的上身姿势就是要求在做好保护上体的前提下，尽可能地把身体调整在有利的进攻位置。

拳击运动技术

拳击运动的技术包括攻击、躲闪、上下移动、扭斗技术和善于反击。攻击技术包括左直拳、左刺拳、左钩拳、右上钩拳和右交叉拳还有组合拳，如 1－2 连击组合拳套路。

拳击防守技术

阻挡防守

根据对手来拳打的路线不同可采用掌、肘、臂和肩阻止对方来拳。用阻挡防守法可有效地防守对手在中距离、近距离和远距离的各种拳法。比如：

1. 对方用左、右直拳击下颌时，右手张开拳套在下颌处阻挡对方的直拳。

2. 左肘阻挡左（右）直拳击腹。双方由实战预备姿势开始，当甲上步用左（右）直拳击腹时，乙迅速以弯曲的左或右臂略移向左右下方阻挡对方直拳，同时身体略向左转。

3. 左臂阻挡右平钩拳或有摆拳。双方从实战预备姿势开始，当甲上步同时以有摆拳或右平钩拳击打乙面部左侧时，乙迅速屈左臂置于头部左侧，同时身体略向右转，以前臂阻挡甲的有平钩拳或右摆拳。

4. 右臂阻挡左摆拳或左平钩拳。双方由实战预备姿势开始，甲上步同时出左摆拳击打乙的面部右侧，乙迅速将弯曲的右臂向上举至头部右侧，阻挡甲的左摆拳。同时，左拳作好保护。

5. 肩阻挡右直拳击头。双方由实战预备姿势开始，甲出右直拳击打乙面部，乙迅速将身体重心后移，并略向右转，同时迅速将左肩耸起，以左肩阻挡右直拳。

格挡防守

格挡是格架或拍击对方来拳，使它改变方向。格挡便于还击。

1. 右手拍击左直拳。

动作：双方由实战预备姿势开始，甲以左直拳击打乙面部，乙迅速张开右拳将甲的来拳向左下拍击，使甲的直拳改变方向，在拍击同时上体略向左转。

要领：拍击动作幅度不可太大，动作必须短促有力，用手掌拍击对手手腕部位。

2. 右（左）前臂向下格挡左（右）直拳击腹。

动作：双方由实战预备姿势开始，甲以左直拳击打乙腹部，乙迅速以右前臂格挡甲的直拳。

要领：格挡动作不可太大。

3. 右臂格挡左摆拳或左臂格挡右摆拳。

动作：双方由实施预备姿势开始，甲以左摆拳击打乙面部右侧，乙迅速以右前臂格挡甲的摆拳。

要领：格挡时上、前臂约成90度角。格挡同时上体稍向左转，以便于还击。

闪躲防守

闪躲防守是用身体的闪躲使头离开击打路线。在实战中，闪躲被认为是一种最实用的防守方法，因为防守者可以空出两手以便进行反击。

闪躲技术要求能准确地判断时间。如果运动员掌握了良好的闪躲技术，就会使对手的来拳不断失误和击空，使之失去平衡，对其暴露的部位可趁机给予击打。在闪躲的同时可以发迎击拳。

闪躲法专门用于防守对手击头部，对直拳的防守要向侧面闪躲，对摆拳和上钩拳可作向后移步。

1. 向右侧闪左直拳。

动作：甲以左直拳击打乙面部，乙迅速将头部及上体向右侧闪躲，身体重心略向右移，使甲的直拳从乙的左肩上滑过去。

要领：闪躲动作不要过大，要敏捷短促。

2. 向左侧闪右直拳。

由基本姿势开始，甲以右直拳击乙头部，乙迅速向左闪躲。

3. 向后闪。

这种方法主要是防守对手直拳和摆拳。

当甲以左直拳进攻乙时，乙原地不动，利用上体后仰，重心落于后脚，接着上体前倾，用左直拳或左摆拳进行还击。

潜避防守

潜避技术是对摆拳击头的一种主要防守方法，这一防守法是在身体重心下降的同时快速完成缩身下潜动作。在潜避中运动员用头和上体划出一个半圆的连贯动作，微屈腿的同时向对手出拳方向下潜，然后直起身。在做这个动作过程中，要始终注视着对手，动作要快而有力。

这一防守动作是由整个身体和腰部动作来完成的，要保持稳定的姿势，以利恢复实战预备姿势和进行还击。

1. 从左向右摇避左摆拳。

动作：甲用左摆拳击打乙面部，乙迅速下蹲。同时头部和上体微向前倾，利用腰、腹力量将头部从左向有闪，从对方左臂下闪过。

要领：（1）潜避动作幅度不可太大，也不宜蹲得太低。

（2）摇闪时两眼仍要注视对方，以便还击和进一步防守。

2. 从右向左摇避右摆拳。与左摆拳防守相同，方向相反。

基本拳法

左直拳

左直拳是拳击中所有其他击拳的基础，能正确地运用左直拳是一个有良好技术素质的拳手的特征。凡是称雄拳坛的拳王和著名拳击家都有着一手久经锻炼磨砺出来的左直拳。美国的英吉马·约翰逊在1959年与弗劳德·帕特逊的比赛中，他的左直拳使得对手难以招架，在第三回合中就将对手击倒，获得世界锦标赛重量级冠军。击败拳王阿里的拉利霍姆斯右臂受伤后专用左手练直拳达9个月，终于取胜。我国30年代的上海拳手郑吉常，由于他的左直拳快而凶，在国外有"远东毒蛇"之称。

右直拳

右直拳是拳击运动中采用的重拳之一。右直拳适合于远距离的攻击，但右直拳一般使用时机少，在有充分把握时才能使用。由于右拳较左拳离对方远，发拳时身体变化幅度较大，所以右直拳较左直拳慢。为了便于击中对方，就要用左手的假动作来转移或破坏对手的防护，或用左刺拳引开对手的注意力，或使对手失去平衡，以此来创造有利于右直拳进攻的条件和时机。

要领：由基本姿势以右脚掌蹬地开始发力，右腿发出的力量使右侧髋关节前送，带动腰部迅速向前转动，同时右肩前送。右拳以直线向前发出，攻击对方头部。髋和腰部的扭动以及右肩的前送，能够增加右直拳的力量和攻击距离。

摆拳是从侧面袭击对手的有力拳法。由于从侧面击打，身体向相反方向移动，起到分散对手注意力的作用。但摆拳走的路线较长，容易被对手发现，但是因力量大，一旦击空容易失去平衡。摆拳速度比直拳慢，一般不作开始的引拳。

左摆拳

攻击对象为头、腹。

要领：由基本姿势开始，拳由自己的左肩前开始，从左侧向前成弧形路线移动击打目标，上臂与前臂约成 120～150 度角，臂与肩平，并利用腿、腰、胯发力，重心移至左脚，在出拳过程中拳及前臂略向内旋，肘部微向上翻与肩同高。在击中目标的一瞬间，肩、臂肌肉与腕关节突然紧张，并随即放松，恢复成实战预备姿势。击打对方腹部正、侧部位时，上体可略向右倾斜或向右侧跨步，借助身体的移动加大击打力量。

左摆拳练习时的注意事项：

（1）击打时不可有预拉动作。

（2）左摆拳出击时，右拳微向上举，保护下纵。

（3）左拳出击后立即收回，还原成预备姿势。

右摆拳

要领：与左摆拳大致相同，惟腰、腿和胯的发力动作较左摆拳更为明显。右摆拳动作大，速度也较慢，但拳较重。当对手大意或其进攻时疏于防守出现空隙时，可用右摆拳给予出其不意的击打和还击，但一般使用机会较少。

右摆拳多与左手拳的击打配合运用。在对手被击中，注意力分散时，在对手疏于防守或体力，以右摆拳击打可以收到极具威胁的效果。

右摆拳击上体，常用于与左撇子对手对阵，出击时要紧缩身体，出击后身体要向左前方运动，以防对手迎击头部。

摆拳练习中要注意以下几点：

第一，先原地徒手练习，体会发力、转体、转胯带动手臂前摆等动作要点。出拳时，要注意手腕内族动作，用拳峰部位接触击打部位。

第二，在基本掌握动作方法的基础上，结合步法练习出拳。

第三，运用打手靶的练习，可在原地与移动中进行，改进与提高动作质量，提高击打准确性。

第四，利用打沙包进行练习，一方面改进动作，一方面锻炼击打力量。

第五，进行实战练习，提高运用的能力。

上钩拳

一场拳击比赛中运动员的进攻与防守是多种多样的，这体现在调整距离上，要靠步法的灵活和判断的准确。如果说直拳与摆拳更注重中、远距离的进攻，那么上钩拳主要在中、近距离击打对方。

上钩拳既可发短拳也可发长拳。发长拳时手臂几乎伸直，上、前臂夹角大于90°，发短拳时上、前臂夹角小于90°。当对手两手高举成防头部的姿势时，或当对手击打头部而落空时，可发上钩拳击对手的上体（胃、腹或肋部）。

平钩拳

平钩拳是一种中、近距离的击打拳法，通常配合直拳或摆拳组成组合拳进攻对手。

1. 左平钩拳。

要领：由实战姿势开始，先将左肘提起与肩平，肘部约成80度角，利用身体腰、肩部突然转动的力量，上体向右方向转，但不超过90度，臂部肌肉由放松到突然紧张，之后再迅速放松，打击对方的右侧，这时重心移到右脚上，击打后立即收回还原成实战姿势。

注意事项：

（1）出击时，拳不应有向后拉的准备动作。

（2）左拳击出同时有拳微上举，保护下颏。

2. 右平钩拳。

要领：出拳要领与用力方法与左平钩拳大致相同。

左、右平钩拳都可以配合前进步法练习，即作前滑步同时击打左平钩拳或右平钩拳。

刺拳

刺拳属手直拳类型，是一种试探性拳法，以左刺拳为多。拳走的路线比直拳短，拳的力量较轻，能起试探对手的作用，并配合其它拳法以连续进攻。

要领：出拳比直拳快而突然，腰部与胯部转动比直拳小，蹬地力量不大，因此重心前移较小，出拳后，臂并没有完全伸直。

振拳

此拳法多用在短兵相接、近距离搏斗时，贴近对手击打。

要领：借腰部突然快速转动，出击时两臂贴近身体，上、前臂之间小于90度角。

速击拳

此拳法多用在近距离搏斗时，快速进攻，抢夺优势时使用。

要领：出拳快而突然，攻击对方要害，以快取胜。

勾拳在实战中的用法

勾拳是近距离击打的拳法，在中国目前的散打运动中多以快摔法掩盖了勾拳威力。中国武术讲究远打、近拿、贴身摔，在一些擂台规则的限制下，近拿和贴身摔成了同类面目而实施，打法除拳的直摆性远击外，稍近时就摔了。一时之间勾拳、肘、膝等短打技法运用会不出来，即使运用出来了，也不怎么灵活，这是时代局势造成的。自从与国外技击连续的交流竞争中，特别是受到泰国拳肘膝所创之后，近来才时有改观。撇开擂台竞技，我们把话引到街头抗暴上来，勾拳击打的重量和威力就不亚于直摆和摔了。至此，这里论到实战用法，多以街头抗暴打法为主，擂台竞技次之的方法来论述了。

勾打耳门法

双方对峙时，当对方左垫步起右低踹腿击向我左膝关节部时，我速提左膝避过，对方见右踹落空，而顺势落步拥身左直拳击打我面部而来，我方不避不闪，前落步左拳臂下压其左臂，并向左外划格的瞬间，右脚掌蹬力，右手平勾拳朝对方左耳门击打。

在与敌对搏之初始，对方首发动作以虚招为多，虽为虚招，但我方也不得不防，因虚可变实。所以，我方一般在防守时所采取的动作，都必须为下步的防守或反击留下机会，如果消极性的防守，会遭敌狂追猛打。敌方的第一次落空，是在情理之中，我方不要盲目采取反击，待其第二次攻击一出，立即连防带反击，平勾拳痛击敌耳门。平勾拳击耳门只要击中，就会立即平息战争，不要你做任何的添补动作了。

勾拳击面部法

双方对峙时，当对方左垫步纵身，右踹腿击向我胸部而来，我方见其势猛，迅速左胯步闪身避过，对方踹腿落空向前落步的同时，我方右脚上进步，以右大腿刚好贴住敌右大腿外侧，随着上步之际，左手捞抱敌背，右手成斜上钩拳击向敌面部，使敌前拥之惯性与我勾拳贯力相互猛撞，致敌晕仆。

我方在避敌攻击凶猛锋芒的闪步时，要看敌方所出拳腿而选择侧闪的方位，切不可盲目乱躲乱闪。此式中是敌出右腿攻击，我方选择的方位即向左侧闪，这样才能暂时避过对方的第二次攻击。假如不这样，一旦向右闪，敌方的右腿是虚招时，即会落步用左勾、摆拳或左鞭腿击我，而且是我方送上去挨打！我左侧闪，即使敌落步，要想用左拳左腿时，必须要转身后才能发挥。这时敌在落步之间，我已发动了反击了，敌尚未转过身来，我斜上钩拳已重重地打在其鼻梁上了。

勾拳击下颌法

双方对峙时，当对方前滑步进身用右直拳击打向我面部而来时，我速向左侧闪身避开对方的右拳。同时左手拍推敌右肘部之际，我方右手斜上钩拳从对方大臂下穿过，由下向上击打其下巴。

这种击打敌下巴的方法动作比较复杂，技巧性要求高，而且要胆大心细，要有"不入虎穴，焉得虎子"的冒险精神，才能击打成功。对手打出左直拳时，我方右脚即象右侧上一小步，向左转体 40 至 50 度，闪躲开直拳，并用右手防住其肘关节，以防其屈肘击打，这时用左斜上钩拳从其大臂下穿过由下向上击打该下颌，方可一举奏效。左右的用法要领是一样的，该提醒一句的是，实际临阵对搏靠在平时刻苦训练中得到的条件本能反应，方能临危不乱，见势化敌。

勾拳击打后脑法

双方对峙时，当对方前滑右脚一步的瞬间，左脚朝我裆前跨进一步，左直拳直奔我面部击打而来。我方见势猛，迅速右脚朝右侧跨一步闪身，左脚朝右脚内侧收，直身而立，在避过其左直拳之际，左手推其左肘外侧。在一推之下，右脚前移步，左转体旋身，右手侧勾拳击向对方后脑部，将其打仆。

使用勾拳击打敌后脑的方法，多以贴抱之际，或闪身到敌身侧、后方时，利用平勾拳、侧勾拳才能完成。与敌对贴抱时的勾拳发挥是困兽尤斗之举，一般情况最好不要与敌缠抱，缠抱为不明智之举。最好是"不与力敌"的上乘武学策略，侧取歼敌，以小力换大力。这里讲述的就是"闪其势、懈其力而轻取之"之法。敌前冲之势过猛，突然一下是收不住的。看过西班牙的斗牛吗？这里就是取其引逗之意。只要能将这一闪的动作做到位，勾击敌后脑就是举手可得了，如敌出右直拳时，我方闪的方位即朝左，方法要领是一样的。

勾拳击打胸腹法

双方对峙时，当对方猛地左垫步进身接近我方的同时，右摆拳打向我方头部，我方迅速退左脚一步，下沉身蹲立避过其拳。在对方拳头刚过我方头顶上空，尚未收回之际，我方右脚蹬力，右上勾拳击向敌小腹，紧随左上勾拳击打敌胸口，以连环而快速的左右勾拳打倒敌方。

防守敌的摆拳应特别注意不能后退，只可下闪，因为后退时在拉长与敌距离时，对方摆拳落空后的出击就是鞭腿或踹腿，这样我方就会只有招架之功，而无还手之力。但下闪也要掌握好一定的时机，一旦避过其拳即发动反击，不然敌方是一手摆拳，一手用上勾拳时，我方就会挨上重击了！我方在反击时，一上手就连续勾出四至五拳，一气呵成地打倒对方。

勾拳击打两肋法

双方对峙时，当对方前滑步用右直拳朝我方面部击打而来时，我方不退反进，左脚前上一步的同时，左手前伸格于对方右臂内侧，向前捞抱对方颈部，紧随拥身，左臂环抱内收，使上胸与敌胸紧贴。同时，右手用斜上勾拳猛击对方左肋，用连续性的一阵猛击打折其肋骨。

这种招术的用法必须是胆大心细，技术动作相当娴熟才行。左手前伸一接触敌颈的同时，就要将身体贴拢，不然的话，对方一施摔法，我方就会反受其害了。在一贴近敌身时，不是一味地贴拢就完事，而且要在贴身的惯性作用下，右脚蹬力右斜上勾拳就发出，其动作之间要毫无一丝的间断停顿，勾拳时要连续出击。这种方法在我方被敌抱时也可采用。

勾拳击打裆部法

双方对峙时，当对方前滑步用左直拳朝我方面部击打而来时，我速抬左臂上架，假如对方用左小臂用力下压我左小臂，有相峙之势的同时，移左步用右臂捞抱我后颈形成锁颈术将我方控制住。性命攸关之际，我方本能地用左手抱扒其后腰，并向左转头使面对其腹肋，以前额为力点紧紧抵住的同时，右手斜上勾拳击打其裆部，致命疼痛使其难忍松手，我方得以解脱。

这一招讲述的是属于被困的解脱之法，大凡用了锁颈术，一般都难以解脱的。所以，我方一但遇上这种险情时，首先就是要保持呼吸畅通，不能让敌将咽喉压住，并尽量将身体下沉，一只手要牢牢抓住其腰部，粘住其身体不脱，这样才能使对方不注意防护裆部，而且还会将裆部空露出，这时的勾拳击打就比较容易了。

以上所述的勾拳击打法，只不过是对一些较为典型部位的举例而已。习练者通过这七个部位所需用什么形式的勾拳击打法后，通过反复训练实践，方能得到正确的技法本领。招式是固定死的，而用法是灵活变通的。随时的生死时搏场景，是没有同一种形式重现的，这就要求习者，不要死搬上述的动作去应敌，而是见敌之所出动作招法，灵活应付。这种本能，是在平时的模拟训练中得来的。

3. 拳击的运动规则

基本规则

职业拳击

双方选手使用 8 ~ 10OZ 拳套（赛前双方议定），进行 3 分钟一回合的对赛，一场职业拳击赛为 4 回合、6 回合、10 回合、12 回合。

WSB 拳击联赛

WSB 拳击联赛每场比赛为 5 个回合，每回合 3 分钟。

中国拳击联赛

中国拳击联赛每场比赛为 4 个回合，每回合 3 分钟，比赛时，双方头戴硅胶制透明头盔，身穿护胸进行比赛。

场地用具

拳击台

国际拳击联盟规定，国际拳击锦标赛、奥运会拳击比赛、世界杯拳击赛等国际正式比赛的拳击台最大不得超过6.10米见方。一般比赛的拳击台可在4.90米见方~6.10米见方。

在拳击台的一个中立角处设置专用台阶，供场外医生和台上裁判专用，同时避免比赛双方的任何接触。台上的四角均有固定在台角的立柱，四个立柱间用三条粗绳围拦成一个正方形空间，以保护运动员。台上四个角落处均放有5~7厘米厚、20厘米宽的软护垫，运动员双方分为红色和蓝色，仲裁席左边的应放红护垫，为红角方，对面角放蓝护垫为蓝角方，另外两个角放白色软护垫，为中立角。中立角处要放置两个小塑料袋，供台上裁判员放用过的止血棉球和纱布。

比赛用的拳击台面必须要坚固结实、平整稳固，不能在台面上有任何障碍，台面上要有1.5厘~2.0厘米的厚毡子或橡胶垫，软硬适度。台表面的帆布要拉正固定，平贴台面，便于运动员在台面上做任何技术动作。

拳击台四周的围绳要坚固结实，一般用3厘米到5厘米直径的粗绳。拳击台每侧有3道围绳，从四角的固定竖杆上拉出，3道围绳距离拳击台面的高度分别为40厘米，80厘米，130厘米。

围绳应用柔软光滑的材料裹起来，以免擦伤运动员。拳击台围绳以外四周至少要有50厘米的绳外台面，以保证运动员不致失足掉下拳击台。为了使围绳更加稳固，四周的围绳均须用两条质地紧密，宽度3~4厘米的帆布以同等距离上下固定住。拳击台的围绳也可用四道绳子，每根围绳离台面的高度分别为40.6厘米、71.1厘米、101.6厘米和132.1厘米。

护手绷带

拳击比赛标准护手绷带长2.5米，宽5厘米。欧洲拳击锦标赛、世界拳击锦标赛、世界杯拳击赛和奥运会拳击比赛的主办国，应为每名参赛运动员的每场比赛提供绷带。绷带由拳套管理员发给拳手拳套的同时发放，而且每场比赛必须发放新的绷带。参赛运动员必须使用大会统一发放的绷带。

护手绷带一般都采用吸水性很强的棉纱制成，不能用其它质地的布料。缠护手绷带时，要注意腕部可以适当地缠的紧一些，手掌、手指等其他部位通常不能缠的过紧，因为缠的过紧，会使手指失去活动余地，影响技术动作的使用发挥。缠护手绷带的方法和顺序，可以按顺序进行。

拳击手套

根据国际拳击联盟的规定，拳击运动员在参加拳击比赛时，一定要戴拳击手套。拳击比赛时按体重级别使用不同重量的手套，48～67公斤级要使用226克重的手套，71～91公斤级使用284克重的手套。而且在拳击比赛时，组委会要准备好两副拳套，一副是226克，另一副是284克，以备运动员手套出现问题时随时更换。

参加国际比赛时，运动员所用的手套要经过国际拳联代表的检查许可，才能使用。我国拳击比赛用手套必须经过中国拳协批准，而且一场比赛中双方运动员的手套必须是同一厂家同一型号的产品。按照规定，手套的套峰击打面要用非常清晰的白色标出，以便在运动员击打时，台上裁判员和评判员都能判别出运动员是否用拳锋部位击打对方。拳套不能有丝毫破损，带子要结扎在拳套背部，长出的带子塞进套筒，露在手套背面的结头处要用橡皮膏粘住，橡皮膏的长不应超过7.5厘米，宽不应超过2.5厘米。

按规则规定，台上裁判员每场比赛都要检查两个参赛者是否戴用符合规则的拳套，并要检查拳套填充物的软硬度，看拳套是否有破损等。如发现上述问题，应马上让运动员更换拳套，更换时间最长不得超过2分钟，一般是1分钟的时间。比赛中拳套上的带子松了，台上裁判应帮助系紧，但如果发现运动员故意解开带子，台上裁判应该立即警告该运动员。

拳击服装与护具

拳击服装包括背心、短裤和软底鞋。背心应松紧适宜，不能影响技术动作的发挥。拳击短裤要宽松长大，裤长必须到大腿部位的一半，不能让护裆有所暴露，更不能影响比赛。拳手必须穿软底鞋，而且要绑紧牢靠。比赛时如果服装出现问题，台上裁判员应立即暂停比赛，给运动员 1 分钟的时间更换，最多不超过 2 分钟，运动员应准备好备用服装，以备更换。

拳击的护具包括护头、护齿和护裆。参加比赛时运动员必须使用护头，双方运动员，护头的规格、样式要统一，一方为红色，一方为蓝色，和各自所在的角色要一致，而且所用护头必须是国家拳协批准认可的统一护头。（WSB 不用戴护具）。

规则规定，比赛时运动员必须使用护齿，护齿的大小应合适。如果运动员没有自带护齿，东道主有义务提供。比赛时不允许运动员故意吐出护齿，否则要受警告。如果护齿被打掉，台上裁判员捡起后把拳手带到他自己的角落，交助手冲洗干净后，再由台上裁判员给运动员戴好。运动员不能随意更换护齿，不戴护齿，比赛不能进行。运动员要穿戴护裆，如果护裆脱落或损坏，要及时更换和穿戴好，在 1 分钟内不能换好时，运动员可不戴护裆继续打满该回合，然后在休息时更换护裆。如果休息时不能及时穿戴好护裆，比赛则不能继续下去。

比赛期间，要有两名拳套管理人员专门检查拳套，如果怀疑手套有问题，管理人员有责任和义务检查运动员的拳套以及绷带是否符合规则要求。按规则规定，台上裁判员每场比赛都要检查两个参赛者是否戴用符合规则的拳套，并要检查拳套填充物的软硬度，看拳套是否有破损等。如发现有上述问题，应马上让运动员更换拳套，更换时间最长不得超过 2 分钟，一般是 1 分钟的时间。比赛中拳套上的带子松了，台上裁判应帮助系紧，但如果发现运动员故意解开带子，台上裁判应该立即警告该运动员。

4. 拳击比赛规则

比赛

在奥林匹克运动会中只进行男子拳击赛。拳击比赛由两位选手在方形拳击台上进行。在业余拳击比赛中，比赛的目标是通过击打对手获得点数或造成对手无法继续比赛。

拳击手必须佩戴拳击手套，只允许用握紧的拳头击打对方腰际以上侧面、正面部位。在悉尼奥运会中，每一场拳击比赛包括四个回合，每回合二分钟，每回合之间休息一分钟。以前的奥林匹克拳击赛每一场三个回合，每回合三分钟，但医学报告表明新赛制能减少拳击手在比赛中所受的身体伤害。

比赛时间

根据国际业余拳联的规则规定，自 1997 年起，业余拳击比赛实行 5 回合制，每回合 2 分钟，回合间休息 1 分钟。职业拳击比赛一般采用 4 ~ 12 回合制，这要根据比赛双方经纪人的协商而定，最多时比赛达到 15 回合，每回合 3 分钟，回合间休息 1 分钟。

得分

铃声响起，拳击比赛的一个回合就开始。拳击手相互逼近，企图有效击打对方得分。用握紧的手套拳峰部位对对方身体合理部位一次清晰有力的击中，得一分。有效击中部位包括对方头的正面和侧面，腰际以上上体的正面和侧面。对臂部的击中无效。对有效击中部分的击中如果裁定不构成打击力量，则不得分。

由 5 人评判小组来决定击中是否得分，电子记分系统将确保只有在五名评判员中的至少三名裁定得分时才记分。每一个评判员面前有两个按钮，一个按钮代表一个选手。当评判员认为选手对对手有一次有效击中时可按一下相应当按钮。只有至少三名评判员在相互相差不到一秒的时间之内按下同一按钮，记分系统才记分。

拳击手一次有效击中可得一分，点数通过电子系统计算。当两位拳击选手在近距离博斗中快速连续相互击打对方时，每一方都无法实施有足够打击力量的击打。这时候，评判员可等到近战结束，给占优势的一方得一分。

在拳击比赛结束时，合计每个评判员所给的点数，获得多数评判员评定的点数较多者被宣布为优胜者。如果两位选手的最后所获点数相同，评判员将通过评定哪位选手在比赛场面上占优或体育作风较佳来决定优胜者的归属。如果评判员在衡量这些因素后评定依然持平，这时他们可以转而考虑选手的防守技能来作出最后评定。

（击）倒地和（击）倒地不起

在一场拳击比赛中，拳击手在被击中后脚以上身体的任何其他部分接触台面可判为倒地。在被击中后身体部分跌出围绳以外或体力不支依靠或悬挂在围绳上，或者在受到重击后，虽然可以站立但被台上裁判员认为无法继续比赛时，选手都应被判为倒地。当拳击手被击倒后，场上裁判开始从 1 到 10 数秒数。现在已采用电子数秒设备，每数一次设备会发出一声嘟声，但是台上裁判经常自己来数秒。台上裁判在数秒时要求保持一只手在倒地选手的面前，用手势表明数秒的数字。在数到 10 秒后，如果倒地选手依不能起立，可判对方击倒对手获胜。

即使倒地选手立刻站立起来，也不能继续比赛，他必须先接受台上裁判员的 8 次数秒。在数秒到 8 后，在认为比赛可以继续时，台上裁判员会命令"开始"继续比赛。如果被击倒选手在站立起来后在无击打情况下再次倒地，台上裁判员开始一次 8 次数秒。

倒地并正在被数秒的选手只有在决赛的最后一个回合结束铃声响时才可以被终止数秒，避免被判失败。在其他回合和比赛中，台上裁判员在铃声响后继续数秒。

如果双方同时被击倒地，台上裁判员同时数秒，只要一方保持倒地，继续数秒到 10。如果双方在数秒到 10 时都不能站起，这时比赛结束，倒地时间以前为止获得点数最多者胜出。

认输

在其他情况下，包括因为选手不能承受重击，或者选手不符合比赛资格以及选手退出，台上裁判员可结束比赛，宣布对方为优胜者。这些情况多半是由拳击对抗时的伤害引起。除了台上裁判员外，在场边的助手可以决定选手是否能承受重击而向场内抛毛巾表示弃权。

犯规

拳击手犯规时，他将面临告诫、警告，或最严厉的处罚，即取消比赛资格。对同一种犯规定两次告诫等于一次警告。三次警告，无论是否针对同一种犯规，就会取消选手的比赛资格。常见到犯规包括：击打对方腰线以下部位，抱住对方，用手臂和肘部挤压对方的脸部，把对方的头往围绳外压，张开手掌击打，用掌背击打，击打对方的头颈后部以及躯体的背部。其他的犯规有消极防守，在场上裁判员命令"分开"时不后退一步，语言冲撞台上裁判员以及在台上裁判员命令"分开"后马上击打对方。

拳击比赛的体重级别

拳击比赛是根据运动员的体重，划分成不同的级别分别进行的。业余拳击比赛共分为 *12* 个体重级别，职业拳击比赛分为 *8* 个体重级别，世界青少年业余拳击比赛分为 *3* 个级别。

1. 业余拳击比赛的级别：

(1) 次特轻量级：*48* 公斤以下级（含 *48* 公斤）；

(2) 特轻量级：*51* 公斤级（*48* 公斤以上 *~51* 公斤）；

(3) 最轻量级：*54* 公斤级（*51* 公斤以上 *~54* 公斤）；

(4) 次轻量级：*57* 公斤级（*54* 公斤以上 *~57* 公斤）；

(5) 轻量级：*60* 公斤级（*57* 公斤以上 *~60* 公斤）；

(6) 轻中量级：*63.5* 公斤级（*60* 公斤以上 *~63.5* 公斤）；

(7) 次中量级：*67* 公斤级（*63.5* 公斤以上 *~67* 公斤）；

(8) 中量级：*71* 公斤级（*67* 公斤以上 *~71* 公斤）；

(9) 次重量级：*75* 公斤级（*71* 公斤以上 *~75* 公斤）；

(10) 重量级：*81* 公斤级（*75* 公斤以上 *~81* 公斤）；

(11) 最重量级：*91* 公斤级（*81* 公斤以上 *~91* 公斤）；

(12) 超重量级：*91* 公斤以上级。

2. 职业拳击比赛的级别（*17* 个级别）：

(1) 重量级：*86* 公斤级以上；

(2) 次重量级：*86* 公斤级；

(3) 轻重量级：*79* 公斤级；

(4) 超重量级：*76* 公斤级；

(5) 中量级：*73* 公斤级；

(6) 初中量级/超次中量级：*70* 公斤级；

（7）次中量级：67 公斤级；

（8）初次中量级/超轻量级：64 公斤级；

（9）轻量级：61 公斤级；

（10）初轻量级/超次轻量级：59 公斤级；

（11）次轻量级：57 公斤级；

（12）超最轻量级：55 公斤级；

（13）最轻量级：53 公斤级；

（14）超次最轻量级：52 公斤级；

（15）次最轻量级：50 公斤级；

（16）最次轻量级：49 公斤级；

（17）迷你轻量级：48 公斤级。

3. 世界青少年业余拳击比赛的级别：

（1）轻量级：58.97 公斤以下；

（2）轻中量级：63.50 公斤以下；

（3）中量级：69.85 公斤以下。

其他规则

1. 如果任何一个拳击手在一个回合内接受三次数秒或一场比赛中接受四次数秒，台上裁判员可以终止比赛，宣布对方为优胜者。

2. 如果台上裁判员在比赛的第一个回合由于选手眼部受伤或类似的原因终止比赛，对方胜出。但是，如果台上裁判员在第二或第三回合由于上述原因终止比赛，将通过累计到此时为止评判员所给的点数来评定比赛的优胜者。

3. 参赛的选手要求在第一回合开始之前和比赛结果宣布后相互握手，表示友好。参加奥运会拳击比赛的选手年龄必须不小于 17 岁，不大于 34 岁。

4. 参赛选手下巴禁止蓄有胡须，上唇胡须最长不能超过上唇缘。

5. 每一场比赛之前，医务检查官必须声明参赛选手的健康状况是否适合参赛。在比赛中，有三名医生在场边，任何一位医生在认为依据医学上的理由有必要终止比赛时可以终止比赛。

赛程安排

　　参加奥运会拳击比赛的选手将被任意成对编排，不考虑他们的排名。采用单一淘汰制，胜者进入下一轮，败者被淘汰出局。选手通过初赛，四分之一决赛，半决赛，进入决赛。半决赛的胜者争夺金银牌，两个败者都获得铜牌。

第三章

摔跤运动的竞赛与裁判

1. 摔跤运动概述

摔跤的起源

摔跤是一项世界上最古老而引人入胜的竞技项目。早在古代时就产生了最简单的角力方法。它的产生和发展是和人类的各种劳动形式相互联系的，与其他运动项目如球类等有所不同，例如球类中的篮球、足球、手球的产生是在某地区、某国家，而摔跤几乎是产生在世界民族之中，因为在原始社会，世界上各族人民为了取得生存，在与自然界的斗争中，都有自己的自卫和取得生存的手段的方法，摔跤就是其中之一。它的发展是在实践过程中，不断改进灵活的技巧及增强力量，使之能更迅速地战胜对手取得胜利。

摔跤被公认为是世界上最早的竞技体育运动，希腊、埃及、中国以及日本等国家的古代文明中都有摔跤的文字记载。古代奥运会在公元前776年诞生之时，摔跤就是其中的一项比赛，而且一直是历届奥运会的比赛项目。

在不同的历史时期各族人民按照本民族、本地区的风俗习惯和文化特点，创造了各种各样的获胜方法和训练手段，建立了丰富的摔跤技术、理论和比赛规则。从许多历史文物的考察中证实，古代的奴隶制国家就有摔跤形式的出现。在尼罗河中游，公元前三千多年的民卡散陵墓里，墓穴中的壁画上就有射箭、投掷标枪、举重和角力的士兵，这说明角力很早以前就用于军队的训练和作战中了。同时，角力又作为一种竞技游戏，供奴隶主阶级观赏娱乐。公元前十二世纪至公元前八世纪，在古希腊的奥林匹亚竞技会上，已有角力的竞赛。奖品为：胜者得一巨大的铜三脚祭坛，它的价值等于十二条牡牛。败者得一个擅长手工的美丽的女奴。当时，角力比赛的方法很简单，但非常吃力，谁把对方摔倒三次，即为胜利。古代奥林匹亚竞技会经历了一个漫长的发展过程后，终于在公元前776年诞生了第一届古代奥林匹克运动会，摔跤正式被列入比赛项目。那时比赛虽严格地按规则进行，但比赛不按运动员体重分级，摔跤分两种形式进行。一种是可以用腿足勾绊进攻，也可以抓握对手身体各部分，好似现在的自由式摔跤。另一种形式是两个运动员角斗，直到一个人完全精疲力竭，两肩着地为止，这又好似现在的古典式摔跤。到中世纪，角力运动在各国更为普及，随着文化教育的发展，许多国家已出现了体育教育制度，当时角力也作为一个身体基本训练项目而列入教学。十六世纪中叶，世界各国流行了一批角力方面的专著，角力运动在技术上迈进了一大步，并在人民群众中得到了广泛的发展。摔跤被列为世界性的比赛项目，是距最后一届古代奥林匹克运动会 1503 后的 1898 年第一届现代奥林匹克运动会开始的。第一届仅举行了古典式摔跤，运动员未按体重分级，均作为重量级。自由式摔跤则是在 1904 年第三届奥林匹克运动会才正式列为比赛项目。随着参加摔跤比赛的人数的增加，摔跤技术的日益丰富、日趋完善，等级越分越细，直至 1972 年第二十届奥运会开始，古典式、自由式摔跤均按运动员体重、年龄各分成十个等级进行比赛。摔跤运动在世界各地得到了蓬勃的发展。

摔跤的种类

解放后，我国的摔跤事业有了空前的发展，除全国开展的"中国式摔跤"外，各民族、各地区的摔跤也广泛开发，形式很多。目前国际上开展的有自由式、古典式、男女柔道、相扑、桑勃式摔跤等。除此，我国还有各地区各民族的摔跤，如忻州的"赤背挠羊跤"、"蒙古族摔跤"（蒙语叫"搏克"）、"云南摔跤"、"维吾尔族摔跤"等。

1. 中国式摔跤。中国式摔跤是我国普遍开展的一个跤种，运动员按体重分为十个级别，一场比赛分两段三分钟，得分多者胜，全身可以握抱，也可用腿使绊，可以抓跤衣和腰带，但不准抓裤子。比赛在八米见方的红线内进行，界外亦有保护垫。中国式摔跤很注意脚步和重心的移动，往往根据对手的姿势找好时机，以欺、拿、让、横、迎、闯、搓、推、拉、接、抽、撤、闪、拧、空勾、别、踢、挫、抱等基本动作组成各种攻守方法。

2. 国际式摔跤。国际式摔跤包括古典式和自由式两种，国际式摔跤不仅按体重分级，而且还按年龄分组。

（1）古典式摔跤只许握抱头、颈、躯干、上肢、不许握抱下肢，也不准用腿使绊。

（2）自由式摔跤比较自由，可以抱腿，可以用腿使绊，但这两种跤都不准抓衣服，国际式摔跤不仅站立摔，倒在垫子上还可以翻滚，继续角斗。运动员使用动作主动倒地不输分，可在垫上继续角斗，直到制服对手到双肩着地。现代的国际摔跤比赛要求运动员在场上积极主动，全面连贯勇敢顽强，运动稍有消极就被警告，因此，比赛非常紧张激烈。

3. 柔道。柔道是日本一个跤种，据日本柔道文字记载，柔道是由我国明朝传到日本的。从一九六四年在日本举行的第18届奥运会开始，柔道正式列入奥运会比赛项目。此项运动按体重分八个级别，比赛就在平坦的草地上进行，运动员穿短袖上衣，长裤，系腰带，赤脚，衣、裤、腰带都可以抓，全身可以握抱，也可用腿使绊，摔倒对手后可以抱压对方，可以使绞技，关节技制服对方，迫使其击垫认输。

4. 相扑。相扑是日本特有的一个摔跤项目，它的历史悠久，开展很普遍，被列为日本国技。

相扑营是相扑运动的组织，身高1.75米，体重75公斤以上才能参加。相扑运动员按运动成绩分十级，最高一级叫"摸扛"，是终身荣誉称号。比赛时除两脚外身体任何一部分着地即为失败，如果把对方推出或者抱出界外也算胜利。

古典式摔跤

古典式摔跤起源

现代摔跤运动起源于希腊，古希腊人非常崇尚摔跤运动。相传，神话中的英雄捷谢伊——雅典民主奠基人，从雅典女神那里学来了摔跤规则，从而发展了摔跤运动。

公元前2世纪末，罗马帝国出兵侵略希腊。占领者在征服希腊之后，将自己国家原有的摔跤和希腊式摔跤相结合，并在此基础上发展与创新，产生了希腊罗马式摔跤。因为希腊罗马式摔跤出现于希腊奴隶制繁荣阶段，该时期在历史上被称为希腊古典时期，所以，这种摔跤最初被称为古典式摔跤。这项运动在希腊的不断发展和在欧洲其他国家的推广，对古典式摔跤的形成起到了积极的作用。

18世纪90年代，法国一些喜爱这项运动的人自动组织职业班子，到许多地方巡回表演。后来逐步演变成为一种比赛，使古典式摔跤逐渐发展起来。在古典式摔跤兴起的年代，欧洲又出现了另一种摔跤——自由式摔跤。这种摔跤与古典式摔跤基本相同，差异之处在于选手可以用手臂抱对手的下肢，还可以用腿绊，其技术运用比古典式更为丰富。19世纪，英国人制定了较为明确的自由式摔跤规则，所以自由式摔跤最后定型于英国。

古典式摔跤又称古典式角力。18世纪末19世纪初法国盛行摔跤。后国际奥委会认为法国摔跤就是古希腊和古罗马时期的摔跤，故将法国摔跤命名为希腊罗马式摔跤。比赛时不许抓衣服、不准用手和腿进攻对方的下肢，只许用手臂抱头、颈、躯干和上肢。将对方摔倒后使其双肩触及垫子者为胜，如在规定的时间内未出现这种情况，则按两个回合中得分的多少判定名次。

古典式摔跤规则

裁判职能

每场比赛的执行裁判组由下列人员构成：1名执行裁判长，1名场上裁判员，1名侧面裁判员。在任何情况下，不允许一场比赛的执行裁判组中有两名同一国籍/地区的裁判员。严格禁止裁判员执裁本国/地区运动员的比赛。

执行裁判长和侧面裁判员使用的场上记录表用来全面地记录双方运动员使用动作所获得的分数。所有记录的动作分值、受到的警告都必须做到最大程度的准确，以便达到与比赛具体阶段的一致性。执行裁判长和侧面裁判员必须在自己的记录表上签名。执行裁判长应具备运用国际裁判员章程相关章节中规定的技术和特别技巧的能力。

场上裁判员应左臂佩戴红色袖套，右臂佩戴蓝色袖套。运动员使用动作后，场上裁判员应用手指表示动作的分值。红方运动员得分就举起左手，蓝方运动员得分就举起右手。运动员使用动作后，场上裁判员用手指进行打分。得1分手势：高举手臂、手握拳、伸出大拇指。得2分手势：高举手臂、伸出大拇指和食指。得3分手势：高举手臂、伸出大拇指、食指和中指。得5分手势：高举手臂，手掌全部展开。

比赛程序

称量体重：各级别比赛前一天称量体重，时间持续30分钟。

抽签：运动员称量体重，离开磅称时自己抽签号，并依此为基础编排配对。

最初的排列顺序：如果有一名或数名运动员未参加称量体重或者超重，称量体重结束后，依据从小号到大号的原则重新排列运动员的序号。

编排：依据运动员所抽的签号进行分组配对。按抽签的顺序进行排列，如1对2，3对4，5对6，依次进行配对。

比赛的淘汰：比赛按参赛的人数分两大组进行淘汰赛，直到各组产生最后一名获胜者，他们将进行冠亚军的决赛。除在比赛中负于2名进行决赛运动员而参加争夺3~8名复活赛的运动员外，其他比赛中的负方将被淘汰，其最终名次将根据所获名次排列。

技术分值

摔跤比赛中一方将另一方摔成不同的状态所获得的技术分值不一样，摔跤的技术分值有：1分、2分、3分和5分。

1分分值

（1）通过转移到对手的后面将其摔倒在垫上，并控制住对手，使其三点着地（二手和一膝或二膝和一手）；

（2）站立或跪撑时，使用正确的动作但未使对手处于危险状态（肩背同时着地）；

（3）转移到对手的后面并控制住对手；

（4）将对手阻止在背朝垫子、一手或双手支撑垫子状态；

（5）使用动作时对手犯规，但动作仍然成功；

（6）对手逃出界外、逃避抓握、拒绝正确的开始姿势、使用犯规动作或有不道德行为；

（7）将对手处于危险状态达5秒或5秒以上；

（8）对手一只脚踏入保护区；

（9）对手故意拒绝搂抱；

（10）对手因伤暂停比赛，但没有出现流血现象。

2分分值

（1）跪撑摔时，运动员使用正确的动作，将对手处于危险状态或瞬间双肩着地；

（2）使对手双肩滚动；

（3）对手处于危险状态时，为脱离控制逃出界外；

（4）防守方使用犯规动作，以阻止进攻运动员某一个动作或双肩着地动作的完成；

（5）进攻运动员使用动作时，出现瞬间双肩着地或者双肩滚动；

（6）防守运动员在站立时，使用反攻动作将对手处于危险状态。

3分分值

（1）站立时，运动员使用动作将对手直接摔至危险状态，但幅度较小；

（2）所有将对手从垫上抱起，并使其立即处于危险状态，但为幅度较小的动作，即使进攻者的一膝或双膝跪在垫上；

（3）运动员使用大幅度动作，但未使对手直接或立即处于危险状态。注意：使用动作时，如防守运动员的一只手保持同垫子的接触，随后立即被处于危险状态，这种情况进攻运动员应获得3分。

5分分值

（1）所有站立状态下使用的大幅度动作，并使对手直接和立即处于危险状态；

（2）跪撑状态时，进攻队员将对手抱提离垫面，并使用大幅度动作将对手直接和立即处于危险状态。

获胜方式

（1）摔跤比赛分为三局，采用三局两胜制。每局2分钟，局间休息30秒。教练可以坐在比赛垫子红方、蓝方对角旁边的椅子上指挥比赛。

（2）每一局比赛中比分多的选手将获得局回合比赛的胜利。如果前两局摔平，那么将进行第三局决胜局的比赛，决胜局获胜的选手将获得整场比赛的胜利。

（3）如果一局比赛结束，比分相同，获得大技术分值的运动员获胜。如双方技术分值都相同，则判后得分者获胜。

（4）古典式摔跤在每一局的比赛进行到1分钟时，将进行跪撑提反抱躯干，由裁判员抛牌决定哪一方先进攻。30秒之后进行交换，原防守的一方成为进攻方，直至时间到，由比分的多少判定胜负。

（5）自由式摔跤在每一局比赛结束时，如果比分为0：0，将进行搂抱。由裁判员抛牌决定哪一方进攻。在30秒之内进攻方一旦得分，比赛结束，判进攻方获胜。如果30秒钟进攻方没有得分，比赛结束，给对方1分，判防守方获胜。

特殊获胜方式

技术优势获胜

一局比赛中双方的比分相差6分，不管本局的比赛时间是否已到，本局比赛马上结束，判定分值高的选手获胜。

高分值技术获胜

为了鼓励运动员使用高分值的技术动作，摔跤规则规定："在一局比赛中使用动作一方得到一个5分分值的技术分，或得到两个3分分值的技术分，不管一局的比赛时间是否已到，本局比赛都要结束，判定得高分的运动员获胜。"

双肩着地获胜

比赛中任意一方将另一方摔成肩背着地，并控制住对方使其双肩着地达1秒钟，控制者获得整场比赛的胜利。

古典式摔跤与自由式摔跤的区别

自由式摔跤和古典式摔跤都被称为国际式摔跤。古典式和自由式最大的区别在于自由式可以采取腰部以下的动作，可以使用腿。也就是人们通常所说的"随便摔"（即：在自由式摔跤比赛中，运动员可以用腿攻击对手，攻击目标可以是对方腰以上或以下的部分）。而古典式摔跤则要求运动员只许用手臂和上身攻击或搂抱对方身体的上半部分。

古典式摔跤：48～54公斤、58公斤、63公斤、69公斤、76公斤、85公斤、97公斤、97～130公斤自由式摔跤：*48 ~ 54 公斤、58 公斤、63 公斤、69 公斤、76 公斤、85 公斤、97 公斤、97 ~ 130 公斤*

奥运会中的古典式摔跤

首届现代奥运会于 *1896* 年在希腊雅典举行，当时就把摔跤列为了正式比赛项目。如今的古典式摔跤可以说是古希腊和古罗马的摔跤运动的再现。

在 *8* 年之后的美国圣路易斯奥运会上，设立了规则更为自由的，也就是人们通常所说的"随便摔"的自由式摔跤项目。自由式摔跤在 *19* 世纪的英国和美国非常流行，经常是集会和节日等热闹场所的娱乐项目。

俄罗斯是古典式摔跤强国，在这项比赛中，运动员只许用手臂和上身攻击或搂抱对方身体的上半部分。很多国家在自由式摔跤项目上都有优势，上届亚特兰大奥运会该项目有 *17* 个国家的选手获得奖牌，在自由式摔跤比赛中，运动员可以用腿攻击对手，攻击目标可以是对方腰以上或以下的部分。

对于赛制，*2000* 年悉尼奥运会的摔跤比赛形式由以前的双淘汰制改为小组赛。*20* 名参赛选手分成 *6* 个小组，有四名选手的两个小组第一名直接进入半决赛，有三名选手的四个小组第一进行四分之一决赛。半决赛获胜者争夺冠军，半决赛失利者争夺铜牌。

女子摔跤

女子摔跤的历史

随着奥运会在全球范围内影响的不断扩大，以及体育运动本身所体现的公平、公正、顽强、拼搏的特征，女子体育运动在这一领域不断地扩大和发展。过去被视为女子运动禁区的许多项目，相继得以开展，女子摔跤便是其中之一。*1984* 年国际业余摔跤联合会承认女子摔跤运动。但女子摔跤只设立自由式一项，其规则几乎和男子自由式摔跤一样。*1989* 年 *8* 月，在瑞士举办了第 *1* 届世界女子摔跤锦标赛。从此以后，女子摔跤每年都举办一届世界锦标赛。直到 *2004* 年希腊雅典奥运会，女子摔跤才被列为正式比赛项目。为了女子摔跤能进入奥运会，国际业余摔跤联合会做了大量的工作。最主要的方法是，减少男子摔跤的级别。最早古典式摔跤、自由式摔跤各有 10 个级别，后来各压缩成 8 个级别，后来又各自减少一个级别，这样各项就只有 7 个级别了，这才使得女子摔跤能够进入奥运大家庭。奥运会女子摔跤只设立 4 个级别的比赛。

女子摔跤在中国的发展史

2004 年 8 月 23 日雅典奥运会的摔跤馆里"战事"热烈。

女子自由式摔跤 72 公斤级的决赛。当日本女子摔跤的"旗帜"滨口京子被死死地压在垫子上的时候，她眼里的杀气渐渐地退去了，因为她知道，这块赛前全日本都以为她稳拿的金牌就这么从眼前溜走了。而把她压在身下的那个人，正是年仅 19 岁的北京姑娘王旭。

中国女子摔跤就这样从日本队手中抢得了这个项目第一块奥运会的金牌。

辉煌战绩

上世纪 80 年代，在很多人都不知道女子还有摔跤项目的时候，中国女子摔跤就已经在国际上声名鹊起。尽管在那个时候，日本人就以"国技"的名义在这个领域称雄世界。

"我记得一九八几年的时候，我带着几个队员去日本打比赛，那个时候日本队的队员根本看不起我们，在她们眼里中国姑娘都算不上真正的对手。"现任中国女子摔跤队主教练之一的许奎元回忆起那个时候的事情，仍然显得有些激动。

结果就是在那次国际邀请赛上，不被对手放在眼里的中国女摔队员们一次又一次地在日本的土地上把东道主狠狠地摔在垫子上，席卷了 4 个冠军中的 3 个。"当时到现场看比赛的日本观众都站了起来，为我们中国队叫好，因为那几场比赛我们的队员的确摔得很漂亮。"

在那之后的一段时间里，女子摔跤的国际大赛中，经常能看到中国姑娘站在最高的领奖台上。在世锦赛上，中国队取得过十多个世界冠军。一时间，中国女摔走在了世界的前端。

低谷时期

又过了几年，随着中国奥运争光计划的实施，体育总局和不少省市的体工队都把体育发展的重心放在了奥运会项目上，全国运动会的项目也跟着奥运会定。那个时候女子自由式摔跤还没有进入奥运会，所以自然而然地受到了冷落。

"1992年之后的几年里，女子摔跤开始不受到重视，为了大力发展奥运项目，各省的摔跤队纷纷解散，最后发展到连国家队都没有了。"许奎元说到这里的时候，话语间满是惋惜之情。

中国女摔的发展顿时陷入困境，全国仅仅剩下北京体育大学还保留着一支队伍，但由于发展受限，基本没有国内比赛可以参加，国际比赛也去得很少。不少队员就这样一边读书一边练着。很快，中国女摔在国际上的领先地位变得荡然无存。

追赶

1998年，女子摔跤要进奥运会的消息不胫而走，中国也开始慢慢恢复女子摔跤这个项目，可是这个时候，中国队的水平已经远远落后于其他各国。别说高高在上的日本队，连美国、俄罗斯这些国家的女子摔跤水平都走在了我们的前面。"本来我们是在别人前面的，但现在落在了别人后面，所以我们只有拼命往前追。"许奎元说。

2001年世锦赛，中国队有点令人吃惊地取得了一金一银一铜的好成绩，这让追赶中的中国女子摔跤激动不已。同年9月，国际奥委会最终作出决定，自雅典奥运会开始，增加女子自由式摔跤这个项目，设4个重量级别，4块金牌。这个决定更加坚定了中国大力发展这个项目的决心。

名不见经传的王旭在雅典奥运会拿到的这块金牌，可以说是从日本队手里抢过来的，这块宝贵的金牌给这个尚在复兴中的项目注入了新的动力。"目前全国有20多个省市都设有女子摔跤队，特别是广东、山东等队水平很高。现在一次全国比赛有400多名女队员参加，这种壮观的场面在男子摔跤中是不太能见到的。"许奎元这样分析现在女子摔跤的大好形势，"马上2006年9月在广东省要举办世界锦标赛，这也是中国第一次举办这样的大赛，以前全都是在日本。"

目前的中国女子摔跤国家队一共20多名队员，为了备战世锦赛和亚运会，集中在北京八大处进行封闭训练。用许指导的话说："现在还是日本队强，她们在世锦赛的所有7个级别中都有拿冠军的绝对实力。我们还在追赶，好在我们追得很快!"

观赛礼仪

（1）为了赛场安全，观众不得妨碍或拒绝配合赛场的安检工作。

（2）在观看比赛时，不要把自己当成是专家，对比赛形势和队员表现指指点点、喋喋不休，影响他人观赛。对运动员和裁判员的表现不满意便乱喊谩骂，这是对运动员和裁判员的不尊重。

（3）加油助威时，要使用文明的语言，同时也要控制自己的情绪，不要一激动就出言不逊。看摔跤比赛时，首先要了解规则，可以通过裁判的手势尽快投入观看比赛。

（4）服装仪容要整洁，不能光膀子。带进场馆的食品包装、纸壳等等，放到指定的垃圾箱，或看完比赛后打包带出场馆，妥善处理。

（5）摔跤比赛都在室内进行，所以场馆内不允许吸烟。手机要关机或设置在振动、静音状态。

（6）有的观众喜欢在看比赛时起身张望或挥大旗，这些行为会影响后面的观众。

（7）在介绍运动员的时候，观众应该给予掌声鼓励。

（8）在升比赛双方的国旗、奏其国歌时，应该庄严肃静，全体起立。

观看摔跤比赛的限制并不是很严格，很多时候观众和场上运动员会有互动，这也是摔跤运动特殊的魅力。我们是东道主，又是有着悠久文化的文明古国，堂堂中华，礼仪之邦，在观看比赛的同时，要知道你并不只是一名普通的观众，你的言行、举止代表着中国。

摔跤服装

在这里随便谈谈摔跤手的服装。简单分了几类。

1. 三角短裤。三角短裤是摔跤赛场上永远的主角服装，可以彰显男主角的健硕身材，简单干练，充满霸气。

2. 四角短裤。穿这种的一般都是体育出身，爆发力好，弹跳力好。此服装缺点就是看上去缺乏威慑力。

3. 连体式。都是技术较好的选手，身材一般不高。

4. 紧身长裤。紧身长裤适合各种身材及各种技术流派，无论是帮普老爹那样的壮硕型，还是 Benoit 那样的技术型，还是 Edge 那种模特身材，统统适用。

5. 宽松长裤。主要特点身材上面不占优势，用肥一点的裤子掩饰。UT 也曾经很长时间穿肥裤子，不过他的身材不用掩饰。

2. 摔跤比赛规则

比赛场地

1. 比赛区为 8 至 10 米见方的场地。场地四周用不同颜色标出 5 厘米宽的界线，界线包括在比赛区内。界线外有 2 米宽的区域为保护区。

2. 比赛区和保护区均应铺上垫子，每块垫子长 2 米、宽二米、厚 8 至 10 厘米。

服　装

1. 摔跤衣。

（1）摔跤衣用六层棉布制成，在领襟、胸襟、小袖抓把部位要缝得稍密。

（2）摔跤衣为中号规格尺寸。大号和小号跤衣规格尺寸按中号尺寸增减 1 厘米，袖口尺寸增减 2 厘米。特号跤衣的尺寸增加 8 厘米、袖口增加 6 厘米。

（3）摔跤衣外层分国红和天蓝两种颜色。袖口、两侧、前襟（宽 3 厘米）及下口（宽 2 厘米）的边缘要有花纹。颜色要美观、大方、协调，并有民族特色。

（4）摔跤衣的腰带用六层棉布制成，颜色与摔跤衣相同。腰带固定在背后至两侧。带子固定部分和悬离部分全长为：特号 4.40 米；大号 3.70 米；中号 3.40 米；小号 3 米。带子宽 2.50 厘米。

（5）表演摔跤衣规格尺寸同比赛摔跤衣相同，但外层应用绸缎。

2. 摔跤裤应是紧身、瘦腿、有拉带，与摔跤衣颜色相同。

3. 摔跤鞋应是高革、软底。

竞赛方式

分为自由式和古典式（希腊－罗马式）

自由式和古典式规则的区别在腿上。古典式的摔跤手严禁使用腿攻击对手，也严禁攻击对手的下肢，只能使用他们的上身力量进行臂摔和举起身体。自由式的摔跤手则可以利用单腿和双腿摔倒对手，再进行搏斗。

进攻有效与无效

1. 在比赛区域内使用动作将对方摔倒在保护区，判进攻有效。

2. 在比赛区域内将对方摔倒后，自己踏入或跌入保护区，判进攻有效；对方倒地与进攻方踏入或跌入保护区同时发生，判进攻有效；将对方摔倒前，自己踏入或跌入保护区，判失分。

3. 两名运动员有一只脚踏入保护区，裁判员及时叫停，判出界者失分，双方运动员回到场中央重新开始，进攻者在比赛区，对方在保护区被摔倒，判进攻有效。

4. 踩着对手的脚或松开对手的脚后立即进攻，判进攻无效。

5. 抓住对手的裤子使用动作，判进攻无效。

6. 场上裁判叫停后仍然进攻，判进攻无效。

7. 将对手摔倒与记时员鸣哨或鸣锣同时发生，判进攻有效；摔倒尚未着地（至空中）记时员鸣哨或鸣锣之后倒地，判进攻无效。

得分标准

比赛进行中，除两脚外的身体其他任何部位先着地者失分（跪腿摔除外），一方被摔倒后，根据倒地的情况，判对手得2分、1分或不得分。

1. 得2分。

（1）将对手摔倒至头、躯干着地（肩、背、胸腹、体侧），自己保持站立。

（2）使用跪腿摔时将对手摔倒，使之躯干着地，自己保持稳定。

注：①使用跪腿摔（不限次数）不成功，虽然膝部着地但能迅速起身者，不判失分。

②将对手摔倒至躯干着地后因对手未松手被拉倒者，仍判得2分。

2. 得 *1* 分。

（*1*）将对手摔倒，仅使其手、肘、膝、臀部着地者。

（*2*）将对手摔倒，自己也随之倒地者。

（*3*）双方同时着地，躯干在上者。

（*4*）使用跪腿摔将对方摔倒，但自己重心失衡者。

（*5*）对手受到一次警告，自己可得 *1* 分。

（*6*）对手出界，自己可得 *1* 分。

3. 互不得分。双方运动员同时倒地，或者双方同时出界，或不分先后、上下时，互不得分。

消　极

运动员在比赛中不积极主动进攻，有意拖延比赛时间为消极，以下为消极比赛具体表现：

1. 比赛进行中，一直不让对手抓握。而自己又不抓握对手，故意后退无进攻意图者。

2. 比赛进行中，不主动抓握，被对手抓握后又多次逃脱，逃脱后不积极抓握进攻仍有意逃避者。

3. 比赛进行中，双手抓住对手，但不使用动作故意拖延比赛时间者。

4. 比赛进行中，抓住底手封住对方而不主动进攻者。

5. 比赛进行中，用头顶住对方，故意拖延比赛时间者。

6. 比赛进行中，仅使用假进攻动作而无真正进攻意图者。

犯　规

1. 侵人犯规。

（*1*）使用反关节动作有意伤害对手者。

（*2*）以手、肘、膝、头撞击对方或抓对方生殖器官者。

（*3*）用脚尖踢对手或用脚蹬端对手者。

（*4*）用脚踢、弹对手小腿中部以上部位者。

（*5*）按压对方眉口之间的面部或咽喉或抓对手头发者。

（*6*）双手搂抱对手头、颈者。

（*7*）已将对手摔倒，还故意压砸对方者。

（8）将对手抱起使之失去控制能力，仍将对方头朝下垂直下摔，有意伤害对手者。

注：轻微撞击对手，或抬脚稍高轻踢、弹对方而无恶意伤害者，场上裁判应提醒其注意可不判其犯规。

2. 技术犯规。

（1）场上裁判发出开始口令之前或叫停之后，仍然进攻者。

（2）比赛进行中，作为教练员、助手干扰比赛或进入场地者。

（3）比赛进行中，自行停止比赛者。

（4）比赛中故意抓对手裤子者。

（5）将小袖和直门连在一起抓把（串糖葫芦）者。

（6）比赛中佩带饰物或坚硬护具者。

（7）比赛进行中，跤衣带、跤靴带松开者。

3. 摔跤裁判规则

裁判员分工

1. 每场比赛应有一名场上裁判员在场上执行裁判工作，两名侧面裁判员分别坐在两个对角，协助场上裁判员进行工作。

2. 比赛中每摔一跤，场上裁判员应喊"停"两个侧面裁判员应根据运动员的倒地情况，迅速表示自己的意见。场上裁判员根据两个侧面裁判员的意见作出最后决定，并及时用手势判定某方得 3 分、2 分、1 分或互不得分。

3. 两个侧面裁判员与场上裁判员的意见有分歧或有疑难问题时，应请示裁判长，研究后作出最后判定。

4. 两个侧面裁判员中有一个认为某运动员有消极或犯规行动时，应及时举起与该运动员服装相同颜色的牌子，向场上裁判员示意。如场上裁判员同意侧面裁判员的意见，应进行判定。

5. 场上裁判员认为某运动员有消极或犯规行为时，在征求某一侧面裁判员的同意后，即可判定。

罚　则

1. 比赛前三分钟，三次点名未到，或点名报到后未经请假擅自离场，不能按时上场比赛者，按全部弃权处理。

2. 凡犯有第九条第一款"侵人犯规"之一者，根据情节轻重，分别给予劝告、警告或取消该场比赛资格处理。

3. 凡犯有第九条第二款"技术犯规"之一者，裁判员应及时给予劝告。若劝告、警告无效，则出示红牌将其驱逐出比赛场地。并上报处理意见。

4. 双方运动员正在攻守中，一方犯规，如对犯规者有利时，应立即停止比赛，并按规定给予处理，如对犯规者不利时，则不停止比赛，等该进攻动作结束后再叫停，并按规定给予处理。（如犯规者将对手摔倒则不得分，如犯规者被对手摔倒，则判对手得分）

5. 因一方运动员犯规使对手受伤，而不能继续参加比赛，裁判员可根据情节轻重，取消犯规者该场比赛或全部比赛的资格，并判受伤者获得该场比赛胜利。

6. 两单位运动员为挤掉其他运动员或其他比赛队伍名次，有计划地进行非竞争性比赛，应取消一方或双方运动员该场比赛或全部比赛资格。

7. 比赛进行中，运动员采取消极态度逃避比赛时，场上裁判员可中止比赛，对消极运动员（一方或双方）进行教育、劝告，经对教育、劝告无效者给予警告处理。

8. 运动员消极比赛累计达 *20* 秒，可警告一次，在警告一次后，进行第二、三次警告之前，不再给予劝告。

9. 比赛中如一方运动员受到一次警告，则判对手得 *1* 分，一方受到三次警告，则取消该场比赛资格，判对方获胜，并取消被罚者的技术分。

胜负判决

比赛双方中任何一方只要将对手的肩膀压到毯子上的时间足够长并可以控制他（一次摔倒对方）就算获胜。摔跤手也可以点数取胜，比赛中谁领先对手 *10* 点就算获胜（技术优势），如果谁都不能领先对手10点以，则在比赛结束时谁获得更多的点谁就算获胜（技术点）。在两种情况下，摔跤手在比赛中完成抛、抱和控制动作都会得到一些点。选手所得点由场上裁判判给，但是在记录点之前，必须得到场下裁判或是本场主席的认可。

每场比赛分两轮，每轮3分钟，两轮之间有30秒的休息时间。如果在两轮比赛结束时双方得分相同或双方得分均未达到3点，将进行三分钟的加时赛。如果加时赛结束时双方得分仍然相同或双方得分均未达到3点，则由场上裁判、场下裁判和本场主席投票决定获胜者。参考因素有摔跤手的点数和由于消极而被警告的次数。技术点多的摔跤手被判为胜方。

确定名次

1. 确定个人名次：

（1）全部比赛结束后，按积分（即计分的总和）的多少确定个人名次，积分多者名次列前，少者名次列后。

（2）如两人积分相等，则按两人在比赛中的胜负确定名次，胜者名次列前。

（3）如两人以上积分相等，则以他们之间的比赛胜负确定名次。

（4）如两人以上积分相等又为循环互胜，则按下列程序确定名次：

①获局分多者名次列前；

②比赛中受处罚少者名次列前（劝告或警告）；

③预赛或决赛中净得分数多者名次列前；

④预赛或决赛，体重轻者名次列前。

⑤参加预赛或决赛的场数不到一半者，成绩全部作废，不计名次，曾与他比赛的对方成绩均于注销。

⑥参加预赛或决赛的场数已达到或超出一半时（如应赛六场，已赛完三场或三场以上）应按其积分确定名次，其余未进行比赛的场次，均按弃权论处。

2. 确定团体名次：

（1）按各单位运动员在各级比赛中被录取名次的总和确定名次，

得分多者名次列前，少者列后。

（2）如遇两个或两个以上单位团体积分相等，则判获得第一名多的单位名次列前。如再相等，则判获得第二名多者名次列前。依此类推。

注：每个级别录取几名及每个名次各得几分，由主办单位在竞赛规程中规定。

特殊获胜方式

1. 技术优势获胜。一局比赛中双方的分差相差6分，不管本局的比赛时间是否已到，本局比赛马上结束，判定分值高的选手获胜。

2. 高分值技术获胜。为了鼓励运动员使用高分值的技术动作，摔跤规则规定：在一局比赛中使用动作一方得到一个5分分值的技术分，或得到两个3分分值的技术分，不管一局的比赛时间是否已到，本局比赛都要结束，判定得高分的运动员获胜。

3. 双肩着地获胜。比赛中任意一方将另一方摔成肩背着地，并控制住对方使其双肩着地达1秒钟，控制者获得整场比赛的胜利。

其他规则

1. 在古典式摔跤中，如果对手倒地摔跤手也必须倒地。

2. 在自由式摔跤中，严禁用剪刀脚夹住对方的头、脖子或身体。

3. 如果任何一位摔跤手进入保护区，比赛必须暂停，选手回到毯子中心圆内继续比赛。

4. 摔跤手不得拽对手的头发、耳朵和生殖器，也不得掐捏他的皮肤或咬他、不得扭他的手指和脚趾、不得踢他或是用头撞他、不得接触他的眉毛以下嘴以上的面部、不得用肘或膝盖击打他的腰部、不得拽他的背心。

5. 摔跤手在比赛过程中不得和对手说话。

6. 每场比赛都要有一位当值医生，在一个选手处于危险时有权中断比赛。

7. 如果选手有明显的违背公平竞赛的犯规行为如比赛作弊或有野蛮行为将被立即取消比赛资格。

8. 任何开始于毯子的中心摔跤区域里的站立姿势或抱和反击一直

到结束都有效。

9. 如果摔跤手不试图有效地抱住对手或是以各种方式不断地阻止对手摔跤，都被视为消极。在一次警告之后，第二次犯规将给对手加一点。

10. 对第二次非法的抱，如将对手的手臂扭过大于 90 度、用手臂钳住对手的前臂或用双手抱住对手的头或颈，将给对手加一点。

11. 摔跤手可以在比赛结束的 30 分钟之内以书面的形式对正式决定提出异议。如果异议被接受且裁判委员会同意将重赛。

第四章

举重运动的竞赛与裁判

1. 举重运动概述

举重的起源

举重，又称奥林匹克举重或竞技举重，是由抓举和挺举两个项目构成。举重项目发展至今经过了漫长的演变过程。

原始社会初期，人们为了猎取食物和防止猛兽的侵犯，不得不搬起或举起很重的东西，或者拿起有一定长度和一定重量的木棍进行自卫。为了有足够的力量，我们的祖先经常用举起重物来增强体质、发展力量和锻炼勇气，这就是最初的举重。

在2500年前，古希腊就有了举重的记载。有一个名叫米隆的大力士，可以举起一头牛。希腊人最早利用专门器械来发展力量，增强体质，这种器械称为"哈特利斯"。它两头大，中间小，可以用手握住。锻炼时一手拿一个，既方便又可以做出很多动作来。在雅典的运动场边上曾有一个铁球，只有能举起这个铁球的人，才有资格参加比赛。在希腊和古埃及的雕塑中，都可以看到身材魁梧、肌肉发达，举着粗大圆木棒或其它物体的力士雕像。在古代苏格兰，举起重物以显示力量也很盛行。具体做法是将100公斤重的石头从地上提起来，然后放在1.2米以上的高台上。凡是能做到这点的人，便有权戴高帽子，这是代表成年的象征。

在德国和西班牙的一些农村，举石头是一种很普及的比力量的运动项目。这种石头，他们称为"伊沙轮"。形似圆棍，两端有握手。比赛时，看谁举得重或举得次数多，获胜者还能得到大量的金钱。

在中国《左氏春秋》里曾记载，孔子能力举"门关"。"门关"是顶城门用的杠子或门闩，用硬木制成，又重又长，当时能举起门关的人都很不简单。

在司马迁写的《史记》里记载着，秦武王很有力量，又非常好胜。他把当时有名的大力士都封为大官，经常和他们举用青铜制成的鼎器来比试力量。

楚汉相争时期的楚霸王，以力能扛千斤鼎而闻名于世。

三国时期，刘备的五虎上将之首——关羽，使用的青龙偃月刀重82斤。如果他没有力量，这么重的兵器怎么能拿得起来，何况还要挥舞起来打仗呢？

唐代武则天时期，选举士兵要考"翘关"。"翘关"，也就是举门关的意思，要原地举起10次才合格。

明朝武考中，用举百斤大刀绕身旋转作为力量的考核。著名抗倭爱国名将戚继光命人铸了一个铁人，重300斤，令兵士扛起来步行一里地为合格，以此来增强士兵的体能。

嘉靖年间，《钦定武场条例》中有一项举石的科目。这种石叫"石墩子"，两边有扣手，以便抓握，重300斤。要求武考的人，必须把石墩子提离地面一尺以上才能通过。当时民间很流行举石担、石锁的运动。石担是两块扁圆形的巨石，中间凿个眼，穿上木棍或竹棍。石锁是长方形的石头，上方凿成握手，很像老式的门锁，这是一切练武之人发展力量必练的项目。近代举重始于17世纪末至18世纪初，当时欧洲许多国家，如德国、法国、英国、奥地利等都先后组织过举重运动体育协会，开展举杠铃和哑铃的比赛。

那时最著名的大力士是德国的欧根·先道，世人称之为"世界健身之父"。他全身肌肉非常发达，力量大得惊人，可以把269磅（约合121公斤）的杠铃，从肩部推起至头上，并双臂伸直。当时是具有表演性质的，以后举重表演活动逐渐发展为竞赛。

公元前500年左右的一幅画描绘的是一名年轻人一手举着一块未经加工的石块，每个石块有他头的1.5倍大小。石块慢慢变成了哑铃，之所以这么叫是因为它们是被去掉了击锤的铃，以使它们不会发出声。之后哑铃的形状也不断演变，直到现在更受人们喜爱的杠铃。当上个世纪号称汇集了"世界上最强壮的人"的角斗和杂耍表演在美国和英国方兴未艾之际，到1880年，正规的举重俱乐部已在德国和奥地利颇具规模。在 *1877* 年，维也纳举办了有历史记载的世界上第一个举重比赛，有些比赛项目看上去十分夸张，比如说只用中指或只用牙齿和头发来举起重物，当然，也有正规的抓举和挺举的比赛。纽约的一家不太有名的杂志《时代精神》在 *1892* 年公布了第一份业余举重世界纪录，由于当时举重并没有统一的规则，因此有些纪录近乎奇特，像芝加哥的亚当·考克兰拥有的纪录是将一个 *5.44* 公斤的重物连续举了 *14000* 下。然而，随着举重的地位在法国、俄国以及其它一些欧洲国家的提高，第一个举重和摔跤国家联合会在 *19* 世纪 *90* 年代初登记注册。

挺　举

举重运动分为抓举和挺举两项：

"挺举"——是奥运会举重比赛方式之一。由提铃和上挺两个动作连接组成。提铃至胸，两脚下蹲，同时将杠铃从举重台上提起至胸上，随即起立，两脚站在一条横线位置上两腿伸直、上挺，两腿前后分开下蹲，然后收腿起立，借助于预蹲和上挺发力，把置于胸上的杠铃，举过头顶至两臂伸直，两脚站在一条横线上，杠铃和身体保持在一垂直面上，并保持这个姿势在稳定状态，待裁判员发出白灯信号，再将杠铃放下，算试举成功。如在提铃过程中出现提铃过膝未完成动作，两次或两次以上的提铃动作，膝盖或臀部触地，在采用下蹲式时肘或臂触腿，一脚或两脚踏出台外，以及出现一次以上的预蹲，在起立时两臂有屈伸动作，两臂伸展不均或停顿，用推举完成上挺动作，离开举重台，裁判员还未发出信号就把杠铃放下等情况，则判失败。

抓　举

"抓举"——是奥运会举重比赛方式之一。是一个快速连续不断地将杠铃从举重台提起到两臂在头上伸直的动作。两足左右分开站立，双手握杠上提，当杠铃提到与胸同高时身体下蹲，使身体位于杠铃下，双臂伸直支撑杠铃，两腿收回。当臂、腿完全伸直，两足站在一条横线上与躯干、杠铃保持在一垂直面上，并保持这个姿势在稳定状态，待裁判员发出白灯信号，再将杠铃放下，算试举成功，在推举完成最后动作，膝盖或臀部触地，离开举重台，裁判员还未发出信号就把杠铃放下情况，则判为失败。

举重方法很多，为什么奥运会只有抓举挺举这两项呢？

由于推举易使运动员的腰椎受伤，裁判的尺度也难以掌握，因此 1972 年奥运会举重比赛后，正式公布取消推举。

1896 年在雅典举行的第 1 届奥运会上，举重被列为正式比赛项目。当时不按运动员的体重分级别，只有单手挺举和双手挺举。在 1920 年的第 7 届奥运会上，开始按运动员的体重分成 5 个级别，并改为单手抓举、挺举和双手挺举。这为近代举重比赛奠定了基本方式。1924 年改为单手抓、挺举和双手推、抓、挺举 5 种。1928 年取消单手举，保留了双手举的 3 种形式。1896 年，举重便被列入了在雅典举行的首届现代奥运会的比赛项目当中。但当时选手没有等级之分，不管运动员身材体重如何，谁举起的重量最大便获得胜利，这种状况一直延续到了 1920 年奥运会。1920 年，举重成为奥运会的固定比赛项目。1932 年的奥运会上举重被分成了 5 个重量级别，3 个正式比赛项目——抓举、挺举和推举。在悉尼奥运会上男子举重已发展到有 8 个级别，而从 1972 年开始就不再设立推举。从那之后，举重在奥运会上没有任何变化，但在悉尼奥运会上出现一个重大的变化，那就是举重在奥运会上不再是男性的专利，女子举重历史上首次登上奥运大舞台。女选手们进行 7 个级别的角逐。

2．举重运动竞赛

举重竞赛总则

1. 两种举式犯规动作。

（1）从悬垂状态提铃。

（2）提铃过程中有停顿。

（3）除两足外，身体任何部位触及举重台。

（4）在完成动作时，两臂伸展不平均或不完全。

（5）伸展臂部过程中有停顿。

（6）用推举完成动作。

（7）起立时臂有屈伸。

（8）在试举中离开举重台，即让两脚触及台外地方。

（9）在裁判员发令前将杠铃放下。

（10）在裁判员发令后杠铃从身后落下，或故意从身前摔下。

（11）未能使两足站在与杠铃和躯干的平面相平行的同一横线上来完成动作。

（12）放铃时，未能使杠铃整体接触举重台。

（13）抓举时，在完成动作中横杠触及头部。

（14）挺举翻铃转肘之前横杆触及胸部。

（15）翻铃时肘、上臂触及大腿或膝部。

（16）上挺前两腿未伸直。

（17）屈膝上挺未完成动作。

（18）上挺前有意使杠铃颤动。

2. 服装和护具。

（1）举重比赛运动员必须穿举重服，举重服式样为紧身衫连裤。

（2）男运动员必须穿护身或紧身三角裤，女运动员必须戴胸罩、穿紧身三角裤。

（3）举重鞋的后跟应是正常形状。鞋底不得超过鞋帮 5 毫米，鞋帮靴高不得超过 130 毫米。

（4）举重腰带须系在举重服外，宽不得超过 120 毫米。

竞赛进程中的若干规则

1. 抽签：在技术会议上进行。由副总裁判长带领记录长和记录员按大会秩序册顺序，各队参赛运动员进行一次性抽签。所抽得的签号决定运动员称量体重的顺序和试举顺序。抽签时，不分级别，签号数量根据大会参赛运动员人数确定。

2. 加重原则：杠铃重量是逐渐增加的，试举重量必须是 2.5 公斤的倍数，破纪录试举必须是 0.5 公斤的倍数。每次试举成功后必须增加至少 2.5 公斤。场上杠铃重量不得低于 27.5 公斤。

3. 更改试举重量：运动员要求改变试举重量，必须在最后一次点名前提出。在来不及填卡的情况下，教练员或运动员可口头要求改变重量。但每次试举的重量只能更改两次。

4. 破纪录规定：任何一次试举成功的重量超过该项纪录 0.5 公斤或 0.5 公斤的倍数，即承认为新纪录。新纪录一旦创造，其它人不得以同样重量破该纪录。总成绩必须超过原纪录 2.5 公斤即承认新纪录。

举重比赛记分

举重是一项简单的运动，每位选手在抓举和挺举上分别有三次试举机会，每一项中的最好成绩计入总成绩。比如说，一位选手在抓举中举起 85 公斤，在挺举中举起 115 公斤，则其总成绩是 200 公斤。如果一位选手在抓举中三次试举失败，则他（她）可以继续参加挺举比赛，但无法参加最后排名。

如果两位选手举起的重量相同，则体重较轻者名次列前。万一出现两人成绩相同，体重也相同的情况，则先举起这一重量者名次列前。

一位选手第一次试举的重量决定其出场顺序。第一次试举重量较轻者先出场，一直进行下去直到最大重量。如果两位选手要的重量相同，则出场顺序由抽签决定。每一次试举的重量增加必须至少为 2.5 公斤，但试图打破世界记录的试举除外。在那种情况下，重量的增加可以仅为 0.5 公斤，但计入总成绩的重量是与实际成绩最为接近的 2.5 公斤的整数倍重量。

选手上场前在准备室中有 20 至 30 分钟的练习时间。上举重台之后有一分钟时间为试举做准备。在这一分钟里，他们往手上抹一些滑石粉以增加摩擦。如果一位选手连续试举两次，则两次试举之间有两分钟休息时间。

举重比赛裁判

举重比赛有三名裁判，他们的判决根据少数服从多数的原则成为最终判决。裁判长坐在举重台前方，其左右各坐有一名裁判员。每名裁判控制一盏红灯和一盏绿灯——红灯表示试举失败，绿灯表示试举成功。两名裁判激活同一信号灯后立即会有一声喇叭响起，即放下杠铃信号，示意选手放弃试举或将杠铃放回举重台。

评判团负责观察每次试举情况，并有权推翻裁判的决定。评判团由五人组成，其中一人被指定为主席。

技术会议

比赛前1～2天召开技术会议。

技术会议由仲裁委员会主任、总裁判。副总裁判、记录长、一位记录员和各队教练员参加，由总裁判主持会议。

在技术会议上，统一竞赛规则和竞赛规程中的有关疑难问题。

在技术会议上，最后确定参赛运动员的名单，注明运动员姓名、体重级别、出生日期、近年在比赛中获得的最好总成绩，此后运动员不得再降级参加比赛。

在技术会议上抽签，确定运动员称量体重和试举的顺序。

确定场次

竞赛场次的编排，按体重级别的轻重，由轻到重逐级进行。在运动员人数不多的情况下，可合并两级或两级以上的运动员参加同一场比赛，成绩则按实际级别计算。如同一级别人数过多，可按报名成绩分成若干组，但必须在同一天内进行比赛。在同一级别的比赛中，仲裁委员、裁判员不得更换。每场比赛，先进行抓举，后进行挺举，两种举式必须在同一场内完成。

称量体重

运动员在该场竞赛前2小时开始称量体重。称量时间为1小时，过时作弃权论。

各队在称量体重前5分钟领取运动员卡片。

签号小者先称量。运动员上秤时就将填写好抓举、挺举第一次试举重量的运动员卡片交给记录员。

称量体重由副总裁判、三名执行裁判和记录员组成的小组执行该项工作。磅秤由主裁判掌握。称得的重量经两位裁判员同意后，由记录员记下。称量体重时，运动员听到点名后，除本人外，允许该队派一人陪同到场，称完后应立即离场。

运动员应裸体称量（男运动员可穿紧身三角裤。女运动员可戴胸罩，穿紧身三角裤）。每人只能称量一次，如体重不符合该级别的重量时，可在规定时间内再行称量，次数不限，直到合格为止。

在该场运动员的体重全部称量完毕后公布该场运动员竞赛顺序。

女运动员称量时，必须由女裁判员和女记录员执行。

称量体重后，按实到运动员人数，根据原签号大小顺序，依次改为1、2、3……顺序排列，最后确定比赛签号。

运动员只有在下列情况下方可升级比赛：

（1）提出的时间最迟在原报名级别称量体重开始时。

（2）经称量，体重超过原报名级别的标准。但无论哪种情况，升级运动员其成绩必须达到该级别的及格标准，并不超过规程规定的参赛级别人数时才可参加。如以团体为单位的竞赛，则要在该单位、该级别有空额时才能参加。

称量体重时，由检录员按各单位参加该场比赛人数（如一名运动员，陪同人员不超过三人。两名运动员，陪同人员不超过四人）的有关规定，分发"准备活动室入门证"。

3. 举重运动裁判

竞赛中的有关规定

加重员离开举重台后，立即开始点名，先报场上杠铃重量，再报签号、单位、姓名和第几次试举，接着报下一个运动员准备。

点名音落后，计时钟才开始走动，等运动员将杠铃提离举重台立即停表。

运动员试举后应由教练员立即预报下一次试举重量。如不及时填报下次试举重量，试举成功就作为增加 2.5 公斤论，失败按不变处理。

运动员预报或更改的试举重量，检录员必须及时通知记录员和后场公布员。后场公布员将预报重量及时填写在公布牌上，以便各队作好试举准备。

试举顺序

试举重量轻的运动员先进行试举。

第一次试举重量相等时，按签号决定顺序，签号小者先举。在第二、三次试举中，如遇试举重量相等，则按前一次的试举顺序进行。

不同次数试举中，试举重量相等时，试举次数少者先举。在连续试举的情况下也不例外。

点名后的出场时间

场上杠铃重量加好后，加重员离开举重台，记录员开始点名至运动员将杠铃提离举重台，允许有一分钟的间歇时间。最后半分钟发出信号。如到 1 分钟运动员还未将杠铃提离举重台，即判该次试举失败。

注：同一运动员两次试举之间无其它运动员实际试举、裁判员无判决的情况，称为"连续试举"。

混合级别试举顺序

若不同级别在同一场次进行比赛时，试举重量仍由轻者先举。

单项比赛规定

在竞赛规程规定计算单项成绩的竞赛中，任何一种举式连续三次失败（抓举失败，可继续参加挺举比赛），在另一种举式中如能取得名次，则其单项得分可计算在团体得分之内，但没有总成绩。

试举要求

一旦运动员或教练员正式提出放弃一次试举或退出比赛，事后则不允许再恢复参赛。

个人名次评定

单项名次：在抓举或挺举的三次试举中，举起最高的一次重量，其重量是25公斤的倍数，即为单项成绩。单项名次按单项成绩来确定。

总成绩名次：总成绩名次以抓举和挺举两项成绩的总和来确定。

单项成绩或总成绩相等时，以赛前体重轻者名次列前。如成绩和赛前体重均相等，则以先举起该重量的运动员的名次列前。

团体名次评定

根据每单位运动员所得分数的总和来确定团体名次。

记录长

参加技术会议，协同搞好抽签工作。

协同竞赛组根据赛前技术会议确定的运动员参赛名单，处理升级、降级和弃权运动员的更正名单，送竞赛组审核付印。

竞赛期间，及时安插升级运动员。向裁判组公布当日比赛运动员人数以及更正名单。

准备好本次比赛所需要的各种记录和表格。

比赛中审核试举顺序，及时处理记录工作中发生的问题。

每级各项比赛结束时，审核得奖运动员名次，经总裁判审批，立即分送值班总裁判和检录员。

每级比赛结束时，及时向竞赛组送交该级成绩表。

每场比赛结束后，审核记录表、等级运动员成绩证明单和破记录成绩证明单。

协助竞赛组编写成绩册，整理比赛资料送竞赛组归档。

记录员

参加技术会议，记录运动员签号。

按最后确定的参赛运动员名单，依抽签号顺序填写运动员卡片。

称量体重时，填好运动员体重。

编写成绩记录表，整理运动员卡片或填好记录辅助表。

宣布杠铃重量、点名（签号、单位、姓名和第几次试举）运动员出场，预告下一个运动员准备。

记下运动员每次试举的成败和裁判员的判决

向记录长送交获奖运动员名次表。

比赛结束时，请值班总裁判和执行裁判员签名。

比赛结束后，按总成绩成绩整理该级成绩单，填写好破记录成绩证明单和等级运动员成绩证明单等。

检录员

赛前两小时零五分钟发放运动员卡片。

赛前两小时，按签号通知运动员进入称量体重室。按各队上报的陪同人员名单发给进入准备活动室入门证。

去赛场前（开车前），检查赛员是否到齐。赛前20分钟，集合运动员讲解注意事项。发现弃权运动员立即通知记录员和报告员。

比赛开始，介绍运动员时，带领运动员入场、退场。

按记录员的点名，督促运动员出场试举和准备试举。

检查运动员出场时的服装。护具和大腿上是否涂润滑剂。

运动员更改试举重量后，应及时通知记录员和后场公布员。

运动员试举后，及时请教练员填写下一次试举重量。

用牌、手势或步话机及时向记录员和后场公布员通报下一次试举重量。

每项比赛结束后，如需发奖，及时向记录长索取获奖运动员名单，召集、带领获奖运动员出场领奖。

发奖后，召集被指定检查兴奋剂的运动员去检查室。

计时员

全国性比赛的计时员，必须由国家级以上裁判员担任。省、市、自治区比赛由一级以上裁判员担任。

赛前认真检查、核准计时钟（表）。

计算运动员从点名到提高举重台的时间。

最后半分钟时发出低音信号，到规定时间如运动员未把杠铃提离举重后，应立即发出信号通知执行裁判员已超过试举时间。

当出现改变试举重量或发生问题需进行研究时，应立即停表。在仲裁委员会决定继续计时，立即开表。

加重员

赛前协助总裁判核查比赛使用的杠铃重量。

按记录员报告的重量，准确地加好杠铃的重量。必须对称地把最重片加在最里面，依次将较轻片向外加。检查杠铃片是否加紧，卡箍是否松动，以及杠铃的位置是否合适。

竞赛中，注意保护运动员的安全。

随时保持举重台和杠铃的清洁。

破记录需要0.5公斤倍数的杠铃片时，向主裁判领取，用后及时归还。

破记录规定

凡运动员在两种举式中，任何一次试举成功的重量，超过该项记录0.5公斤或0.5公斤的倍数，即承认为新记录。新记录一旦创造，其它人不得以同样重量破该记录。

凡运动员的总成绩，为超过原记录2.5公斤或2.5公斤倍数的重量，即承认为新记录。如遇两名或两名以上运动员均以同样重量超过原记录，则选举起该重量的运动员为新记录创造者。

破记录加重原则

破记录杠铃重量可以是0.5公斤的倍数。

破记录第一次可以要0.5公斤的倍数。

破记录试举成功后，应在成绩的基础上至少增加2.5公斤。

破记录试举失败，下一次试举仍可举原重量，也可增加0.5公斤的倍数。

注：如运动员第一次试举即破记录，但他试举的重量不是2.5公斤的倍数，在计算单项成绩时，要去掉不足2.5公斤倍数的部分。因此在第二次试举时，他可在第一次单项成绩的重量上再加符合加重原则的重量。

运动员为了破记录，加0.5公斤倍数的重量，成功后下一个运动员必须随势增加。在重量不是2.5公斤倍数的情况下，不得举已破的杠铃重量，更不允许下降举重台上的杠铃重量。如重量是2.5公斤的倍数，可举已破的重量，试举成功后，只算作成绩，不算破记录。

在不同地区进行相同级别的竞赛时，以破记录日期的先后决定谁是单项或总成绩记录的创造者，破记录日期先者为记录创造者。如在同一天创造相同的记录，则均为记录创造者。

　　只有按规定参加竞赛的运动员，才能作破记录的试举（不参加抓举竞赛的运动员，不得参加挺举比赛，包括破挺举记录的试举），测验运动员不得破记录。

第五章

柔道运动的竞赛与裁判

1. 柔道运动概述

柔道运动的发展

柔道创立初期，并未因柔术的改名，而受到社会上各阶层的肯定重视。自创立至体系完成后，于公元 1904 年（明治 27 年、清光绪 30 年）的日俄战争，日军广濑中佐、本田中佐、汤浅少佐（他们都是在明治十七八年间，为嘉纳的高门弟子山下义韶、横山作次郎的入室弟子），在我国旅顺港口沉舰自杀，阻止帝俄庞大的东海舰队，使俄军无法出港应战，因此日军攫夺天险，致使帝俄一战败北。战争结束后，日人检讨战士的勇敢牺牲精神，一致认为是柔道训练的成果。于始嘉纳古调独弹的柔道，引起了日本朝野上下的注意，于是日本政府开始大力提倡，发展柔道运动。

从此事件之后柔道在日本开始进入蓬勃发展的时期，公元 1911 年（明治 44 年），嘉纳先生创立日本体育协会，并担任会长之职。当时柔道在学校的发展，1911 年（明治 44 年）尚属选修科目，直至 1930 年（昭和 5 年）才正式成为必修科目，同时也成为培养警员及警官的必修科目。从柔道创立至完成统一体系后，再经二十年共有四十年，即公元 1922 年（明治 55 年），有关柔道理论方面，嘉纳先生总算摸索到了，所谓"精力善用"与"自他共荣"的思想境地，于是在次年 1923 年（也就是嘉纳先生六十三岁）时，发表了这篇柔道学理的根据。

公元 1926 年，嘉纳先生又以"过去柔道与未来柔道"为讲题作发表，说明柔道运动的发展及的目的。由个体的发展至社会、国家、国际，强调柔道伟大的发展使命，以及将来之目的以达共荣世界。并且多次出国从事柔道运动的示范、表演、讲授，贡献其毕生精力致力于柔道运动的推展，使柔道运动发展至世界一百多个国家，组成国际柔道联盟。由此可知在柔道的推展上，嘉纳先生的功绩实不容忽视。

公元 *1930* 年（昭和五年），经日本政府大力题倡，又使得柔道的发展更上层楼，正式成为学校必修之科目，并成为培养警员及警官的必修术科项目。

公元 *1952* 年，也就是嘉纳先生死后的第十四年，柔道的发展已迈入世界组织，成立世界柔道联盟。*1958* 年日本柔道为庆祝讲道馆创立七十周年，在东京区春日町，建立一座七层楼的讲道馆，有四百四十二叠席的大道场，加上附属道场，共有八百二十九叠席，据统计在此练习柔道者约为 *500* 人，比起创立初期时，实为天壤之别。到了公元 *1964* 年，柔道运动正式列入奥运竞赛项目。柔道发展至目前，加入国际柔道联盟的会员国有 *124* 个，全世界柔道运动人口已上千万，不论名义上、实质上，柔道已发展成为世界性的柔道。

嘉纳治五郎先生于 *1911* 年创立"日本体育协会"，担任协会的首任会长，并为国际奥林匹克委员会的委员。由于先生对振兴日本体育不遗余力，获得日本"体育之父"的美誉。也因他旅行国外时，总不忘把握良机利用演讲、实地示范介绍，促使柔道普及。随行海外的许多门生，也设法让外国人了解柔道的精神与精妙的技巧，这就是柔道能在海外发展的原因。

战后的柔道

自太平洋战争战败后，柔道也因武德会解散，学校停止练习，而成式微状态。*1948* 年再度恢复全国性的全日本柔道锦标赛、全国警官柔道大赛，并于 *1949* 年与讲道馆结成全日本柔道联盟，每年共同举办全日本锦标赛、全日本东西对抗赛。

战后海外柔道也因积极推动而能顺利发展，*1948* 年成立了 *1948* 欧洲柔道联盟，*1952* 年日本也正式加入国际柔道联盟组织。*1964* 年，柔道终于成为东京奥林匹克运动会的正式比赛项目。两位荷兰籍选手黑欣克与鲁斯卡以强劲的实力赢得胜利，外国选手与日本选手同场较劲成为当今日本柔道的趋势。

柔道的服装

在练习和比赛柔道时，必须赤足穿柔道衣进行。柔道衣分为上衣、下衣（裤子）、腰带。上衣的长度要求遮盖住臀部，袖子长度要求稍微超过前臂的中部，袖口和前臂最粗的部位有 5 公分以上的空隙。下衣的长度要求稍微超过小腿的中部，裤腿和小腿最粗的部位必须有 7 公分以上的空隙。腰带，是为了防止上衣散开，要打结、束紧。结的两端须余有 15 公分的长度。比赛时，双方运动员要系不同颜色的标志带。柔道衣各部位的名称，有左里领、左前领、左里袖、左中袖、前腰带、左横带、左袖口、左内裆、裤腿口、左横领、后领、左后带、后腰带等。右面各部位名称与左面相同，只是有左、右之分。

2. 柔道运动规则

柔道级别

柔道比赛分为无差别、体重别、段级别、年龄别 4 种。比赛时两名身穿柔道服、赤脚徒手的选手，在特定的比赛场的席子中央进行。双方立定敬礼，主裁判在场内一宣布比赛开始，两名选手便扭作一团，以把对手摔倒或让对方背着地达 30 秒为胜者，也有拿住对手肘关节或绞住双手的颈部迫使他认输。

柔道分 10 段，段级是嘉纳制定的，根据各自的技术水平、资历、著作和对柔道的贡献而定。段的级别以系在腰间的段带颜色区别。初段到 5 段为黑色，6～8 段为红白两色，9～10 段为红色。女子柔道手的段带正中镶有白色横线。低于段的称"级"，1～3 级用茶色，4～5 级用白色，无级别的初学者所系的腰带是深蓝色。

比赛要求体重

轻量级：男子 60 千克，女子 48 千克；

次轻量级：男子 66 千克，女子 52 千克；

轻量级：男子 73 千克，女子 57 千克；

次中量级：男子 81 千克，女子 63 千克；

中量级：男子 90 千克，女子 70 千克；

次重量级：男子 100 千克，女子 78 千克；

重量级：男子 100 千克以上，女子 78 千克以上。

犯规的惩罚

关于比赛点数和得分有四种判罚方法。最轻的犯规是 koka，其次是 yoko。在比赛中最为严重的犯规是一本犯规，但在判罚前，裁判需与边裁商定。96 年奥运会柔道次轻量级冠军——法国选手玛瑞尔·克莱瑞尔在比赛中击败了对手波兰选手拉瑞萨。

在比赛中防守过度，将对手推挤出比赛区域或故意躲避对手，给对手造成危险都属于犯规。但是，柔道手在比赛中被对手用合乎规则的动作摔出场外则不属犯规。超出比赛区域指的是柔道手身体的任何部分超出了比赛区域。

如果参赛一方将另一方摔出，而本身由于失去重心而跌出场外，则按照被摔选手的落地时间来判断其是否犯规。被摔选手若先着地，则不算犯规，反之，算犯规。

比赛的分数

比赛时，根据运动员使用的技术，按其质量和效果评为 4 种分数：

一本

四种情况获得"一本"：比赛的一方控制对方并使用投技以相当的力量和速度把对方摔成大部分背部着地状态；在"压技"比赛中一方把对方控制住，使其在宣布"压技开始"后 25 秒钟内不能摆脱控制时；比赛的一方用手或脚拍击垫子或对方身体两次或两次以上，或喊"输了"时；当比赛的一方使用绞技或关节技，充分显示出技术效果时。另外，当比赛一方受到第四个"指导"的处罚时，另一方则获得"一本"得分。当一方获得"一本"后，即获得该场比赛的胜利。

技有

有两种情况获得"技有"：比赛一方控制对手并使用投技摔倒对方，但技术效果在评判"一本"的三个条件中有一项不足时；在"压技"中，比赛一方把对方控制住，达到 20 秒钟以上。另外，当比赛一方受到第三个"指导"的处罚时，另一方则获得一个"技有"得分。比赛一方在一场比赛中获得第二次"技有"时，即获得胜利。

有效

有两种情况获得"有效"：比赛一方控制对手并使用投技摔倒对方，但技术效果在评判"一本"的三个条件中有两项不足时；在"压技"中比赛一方把对方控制住 15 秒钟以上。另外，当比赛一方受到第二个"指导"的处罚时，另一方则获得一个"有效"得分。

效果

有两种情况获得"效果"：比赛的一方控制对手并使用投技有速度、有力量地把对方摔成一个肩或大腿或臀部着地时；在"压技"中，比赛一方把对方控制住 10 秒钟以上。另外，当比赛一方受到"指导"的处罚时，另一方则获得一个"效果"得分。

一场比赛中，运动员获得"一本"后，该场比赛即可结束，获得"一本"的运动员获得本场比赛胜利。一场比赛中没有出现"一本"胜利时，在规定的比赛时间内，则按"技有"、"有效"、"效果"的多少评定胜负。但是一个"技有"胜过所有的"有效"和"效果"。一个"有效"胜过所有的"效果"。如果双方得分相等，则进行加时赛，加时赛中先得分者获得该场比赛胜利。加时赛结束后，如果双方得分还没有改变，则由场上三名裁判经过商议后举旗决定胜负。

裁判员及辅助人员

在通常情况下比赛设一名主裁判员和两名副裁判员。在裁判委员会的监督下，主裁判员和副裁判员在记录员和计时员的协助下进行工作。

计时员、记录员、记分员和其他技术辅助人员必须年满 21 岁，至少参加过三年全国性裁判工作，并且对柔道竞赛规则理解透彻。组织委员会必须保证他们在执行任务之前受过系统训练。比赛要求至少有两名计时员，一名计整场比赛的时间，另一名专门计"压技"时间。假如可能，可设第三名计时员对上述两名计时员进行监督，以避免错误和遗忘。

负责计整场比赛时间的计时员在听到"开始"或"开始吧"的口令时启动计时器，在听到"暂停"或"原姿势暂停"的口令时关闭计时器。

负责计"压技"时间的计时员在听到"压技开始"的口令时启动

计时器，在听到"原姿势暂停"的口令时关闭计时器。在听到"开始吧"的口令时重新启动计时器。负责计"压技"时间的计时员在听到"压技解脱"的口令时应关闭计时器并把"压技"的持续时间通知主裁判，或在"压技"时满（30秒钟，当被压的一方先前没有过被压25秒的记录，或没有输掉过一个"有技"，或受到过"警告"处分），用适当的信号通知主裁判"压技"结束。

负责计"压技"时间的计时员在听到"原姿势暂停"的口令时应关闭计时器，举起蓝旗，在听到"开始吧"的口令时应放下蓝旗，重新启动计时器。

负责计比赛时间的计时员在听到和看到"暂停"或"原姿势暂停"的口令和手势时，应关闭计时器，举起黄旗。当他听到"开始"或"开始吧"的口令时应放下黄旗，重新启动计时器。

当一场比赛的时间到时，计时员应以清楚的、可听得见的信号通知主裁判。

比赛的记分员必须保证学过并能运用规定的符号和记号把比赛记录下来。

除去上述人员之外，应设一名记录员负责记录全部比赛的过程。

假如使用电动计时系统，其程序同上。

比赛者在三次点名后（每次点名之间应间隔1分钟）仍然不出场比赛，将被取消比赛资格。

主裁判的位置和职责

主裁判位于比赛场内，他的职责是指挥比赛并进行判决。主裁判应该确实保证他的判决被准确无误地记录下来。

当主裁判宣布他的评分时，应一面注视着比赛者，一面保持他的评分手势，同时注意观察副裁判是否由于处在更有利的观察位置而得出不同的评分，并打出表示异议的手势。

在寝技中如双方运动员的脸均朝场外，主裁判为了便于观察可以站到安全区内。

在执行一场比赛的裁判工作之前，主裁判和副裁判应熟悉本比赛场地计时员用来通知比赛结束时的铃声，或其他负责一个比赛场地裁判工作的主裁判和副裁判应确实保证该场地的表面洁净，垫子之间无空隙，副裁判的座椅放在规定位置上，主裁判应确实保证观看比赛的观众、比赛双方的支持者、以及摄影师们所处的位置不会妨碍裁判工作或对比赛的双方造成伤害。

副裁判的位置和职责

两名副裁判应坐在比赛场外两对角的位置上协助主裁判进行工作。

每一名副裁判如对主裁判宣布的评分、判罚标准持不同意见时，须用规定的正确手势表示出自己的意见。如主裁判表示的评分或判罚标准高于两名各持不同意见的副裁判时，他须按照两名副裁判中表示较高那一位的意见，更正他的判决。

如主裁判表示的评分或判罚标准低于两名各持不同意见的副裁判时，他须按照两名副裁判中表示较低那一位的意见，更正他的判决。

如一名副裁判的意见高于主裁判，而另一名副裁判的意见低于主裁判时，则主裁判可以维持他的判决。

如两名副裁判都对主裁判的判决有异议，而主裁判又没有注意到他们的手势时，他们可以站起来，同时保持着他们的手势，直到被主裁判看到并对自己的判决加以更正为止。

如经过一段时间（几秒钟）之后，主裁判仍然没有觉察到站起来的副裁判时，靠近主裁判一边的副裁判则应立即走近主裁判并把多数意见通知他。

副裁判必须用规定的手势对界内施技有效或出界表示出自己的意见。裁判员之间意见不统一时可以商议，除非主裁判或一名副裁判确实看到了其他两名裁判没有看见的情况，这时少数者的意见也可作为判决的依据。

副裁判必须监督记分员正确无误地把主裁判的宣判记录下来。

如主裁判认为某一比赛者有正当理由暂时离开比赛区时，其中一名副裁判必须陪同前往以避免出现违例现象。这种准许离开比赛区的现象仅限在特殊情况下使用（如更换不符合规格的柔道服）。

副裁判（和主裁判）在发奖期间或在长时间间歇时，应离开比赛场地。

副裁判必须按下述姿势坐在比赛区以外：两腿自然分开，上身抬起，两手掌心向下放在大腿上。副裁判如发现记分板上的记录不正确时，他必须提醒主裁判注意。

如副裁判的位置危及到比赛时，副裁判应迅速携座椅一起移动位置。

如一名副裁判不同意主裁判做出的判决，或主裁判没有做出判决，他须用手势表示自己的意见。

副裁判不许在主裁判之前打出表示得分的手势。

对于在边界上所施的技，副裁判应首先做出表示该动作在界内还是在界外的手势。然后，如果必要，再打出其他手势。

假如一名比赛者需在比赛场外更换服装，而副裁判均非同一性别，则应由竞赛委员会指定一名同性别的工作人员陪同前往。

在本比赛场地没有比赛，而在相邻的场地比赛正在进行的情况下，如果本比赛场副裁判的座椅影响到相邻场地的比赛时，须搬开他的座椅。

主裁判做出手势后应保持原姿势同时转体，以便副裁判能清楚地看到主裁判所做的手势。但在做转体的同时须使比赛双方保持在主裁判的视野之内。

当比赛双方同时受到"缺乏斗志"的提醒时，主裁判应分别指向比赛双方（左手指指向他左边的比赛者，右手指指向他右边的比赛者）。

更正判决的手势须紧接在取消评分或判罚的手势之后。

当取消一个评分或判罚时，只打手势，没有口令。所有的手势均需维持至少3秒钟。

在宣判胜利时，主裁判应回到该场比赛开始时他所在的位置上，向前上一步，指出胜方，然后再退后一步。

比赛场所

比赛必须在比赛区进行。当一方或双方在比赛区以外时，所施的技术动作均无效。具体指的是在站立摔时比赛者的一只手、一只脚或膝在比赛区外，或在施"舍身技""巴头"时，身体的一半以上在比赛区外，均作在场外论。但下列情况例外：

1. 比赛的一方把另一方摔出比赛区，在该技术动作有了明显效果之前，施技的一方仍然在比赛区之内，所施的技应判有效。

当一个技术动作从双方均处在比赛区内开始，但在施技过程中，被施技的一方步出比赛区，如果该技术动作继续不停顿地进行，并且施技的一方在该动作出现明显效果之前处于比赛区内时，可以考虑判该技术动作有效。

2. 在宣布"压技开始"之后，压技时满，一方认输，或宣布"压技解脱"之前，只要比赛任何一方的身体的任何部分，仍然触及比赛区，就被认为"压技"仍然在继续。

3. 在施大内刈、小内刈等技术时，施技者的脚或腿离开比赛区移到安全区的上方，但只要施技者身体重心不在离开比赛区的那一只脚或腿上，该技术应判有效。

4. 在投技比赛中，从场内摔到场外，不论是否得分，允许接着打寝技，直到全部脱离比赛区或寝技无进展时为止。

当压技在边线进行时，假如比赛者触及比赛区垫子的那部分身体变成悬空状态（被提起与垫子脱离接触），则主裁判应宣布"压技解脱"，然后再宣布"暂停"。

在施投技过程中，施技一方的身体在比赛区外处于悬空状态（在空中与垫子脱离接触），只有在被摔者的身体比施技者身体的任何部分在比赛区外先着垫子，该技术才能被判为有效。

由于红色危险区是比赛区的一部分，在站立摔时比赛者的任何一方只要他的脚仍然接触红色危险区，则被认为是在比赛区内。

在施舍身技时，施技者身体的一个或一半以上在比赛区，所施的技有效（施技者的任何一只脚，在他本人的背或臀部着垫子之前不能离开比赛区）。

在投技中，施技者在施技时倒在比赛区外，该技术动作只有在对方的身体比施技者的身体先着垫的情况下才能被考虑评分。因此，假如施技者的腿、手或身体的任何部分比对手先触及安全区，任何技术动作均无效。

一旦比赛开始，比赛者离开场地必须得到主裁判的许可以后才能离开，这种离开比赛场地的现象，仅仅在非常特殊的情况下才出现。例如有必要更换不符合规则第三条规定或撕破、弄脏了柔道服等。

比赛时间

世界柔道锦标赛和奥林匹克运动会柔道比赛的比赛时间如下：

男子：实际比赛时间 5 分钟。

女子：实际比赛时间 4 分钟。

任何比赛者在两场比赛之间有权得到 10 分钟的休息时间。

比赛时间和比赛形式由竞赛规程决定。

主裁判在进入场地之前，应该知道每场比赛的时间。

凡是主裁判宣布"暂停"和"开始"，以及"原姿势暂停"和"开始吧"之间的时间，不应计算在比赛时间之内。

3. 柔道基本技术

立 技

立技分为站立不倒的投技和主动倒地的舍身技。

投技又分为：

手技

主要用手臂的技术。如"浮落"，即用两手把对方拉倒。

腰技

主要用腰背把对方摔倒。如"大腰"，就是抱住对方躯干，把对方背到背上摔下去。

足技

主要是用腿脚把对方摔倒。如"内股"，就是用腿把对方挑起来摔下去，再如"出足摔"，就是用脚把对方踢倒。

舍身技

舍身技分真舍身技和横舍身技。

真舍身技是施技者主动先倒下，背部着地，然后再制服对方。如"巴投"就是施技者先向后倒，两手拉着对方，用脚蹬对方的腹部，使受技者从施技者身上翻滚过去，倒在垫上。

横舍身技是施技者身体先侧倒，再把对方摔倒，如"浮技"。

寝　技

寝技分为固技、绞技、关节技。固技是把对方的背部按压在垫子上，使之不能逃脱，而施技者保有行动自由。如果施技者的腿被对方的腿夹住，则不算使用固技成功。如"横四固"就是施技者跪在仰卧的受技者体侧，抱压住对方。绞技是两人倒在垫子上，用手臂或柔道服勒绞对方的颈部使之窒息而认输（以拍击垫子动作示意）。关节技是倒在垫子上，逼迫对方的肘关节，使之疼痛而认输。关节技只许应用肘关节。

禁止动作及处罚规则：柔道禁止击打，不许用头、肘、膝顶撞对方。除了肘关节外，不许对其它关节使用反关节的动作。不许抓头发和生殖器。任何可能伤害对方颈椎或脊椎的动作均被禁止。运动员有犯规行为或是踏出比赛区，根据情节轻重受到"指导"、"注意"、"警告"、"取消该场比赛资格"的处罚。运动员在一场比赛中，受到两次警告，就取消该场比赛资格，判对方获胜。

摔　技

摔技，有站立摔和倒地摔两种使用方法。站立摔，是在保持自己站立的情况下而将对方摔倒的技术和中国式摔跤相似。根据当时所使用的身体部位的不同，又分为手摔法、腰摔法、足摔法等。倒地摔，是利用自己主动倒地的技术将对方摔倒。根据自己倒地的方向不同，又分为正倒地摔法和横倒地摔法。摔技中的任何方法，都可以从左、右两面向对方进攻，但为了叙述清楚，使读者易懂，在说明各种方法时。均以一个方向（右或左）为例。

站立摔

1. 背负摔。背负摔，是用腰、肩、臂的力量，把对方背起，向前摔下去的技术。

动作过程：双方均以右自然体站立交手。用左手抓住对方的右外

118

中袖或袖口，用右手抓住对方的左前领。把自己的右脚尖向对方右脚前伸进，随着身体向左转，将自己的右肘，从下经左向上转，顶在对方的右腋下。左手用力拉住对方的右臂，同时左腿后移，倒插在对方左脚前，进胯、屈膝，使臀部顶在对方大腿上部，将对方背起，并用两手将其上体拉紧，趁势上体前屈，同时蹬腿、提臀和两手用力向左下方拉，在这几部分力量综合作用下，把对方成弧线形的摔下去。

练习要点：同身体高大的对方交手时，使用此技术会取得出色的效果。上步与插步转体的动作要快，臀部要紧顶在对方大腿上部。在摔时，要使上体前屈、蹬腿、用力拉三个动作协调一致。

2. 单臂背负摔。单臂背负摔，是持住对方一只臂做背负摔的技术。

动作过程：双方均以右自然体站立交手。用左手抓住对方的右中袖下部，用右手抓住对方的左前领。向前拉扯，使对方身体向右前方倾斜。此时，迅速将右脚伸到对方右脚尖的内侧，两手用力上提，控制住对方身体，随之向前逼进。在右脚上步的同时，用左手换抓对方的右手腕，拉向自己的左肩膀，右臂伸向对方的右腋下，两手用力抓住对方的右臂。接着左脚倒插、进胯，用臀部顶住对方大腿上部，并把其上体拉紧，利用上体前屈、蹬腿、提臀和两手用力向右下拉的力量，迅速把对方的身体由肩而腰成弧线形的摔下去。

练习要点：右脚上步时，两手要用力上提，不能让对方两膝弯屈身体重心下降。该动作因为仅控制对方一只右臂，其活动范围较大，在使用技术时必须动作迅猛。

3. 体落。体落，是当对方身体重心在右脚外侧时，利用上步，转体、进胯的动作，用右脚绊住对方右腿的方法将其摔倒的技术。

动作过程：双方均以右自然体站立交手。用左手抓住对方的右中袖外侧，用右手抓住对方的左前领。左脚向前逼进，迫使对方右脚后退。这时右脚向对方右脚前内侧上步，身体左转使右胯靠近对方腹部，右臂肘关节从对方的左胸部转向对方的左腋前，同时上提左前领，使对方身体重心升高，然后左手向前拉，并使对方身体向右前方倾斜，左脚倒插步，右腿向右后方伸出，小腿从外侧别住对方的右小腿。最后用左手拉，右肘上顶、拧腰、转头的动作，将对方向其右前方摔下去。

练习要点：进攻时要侧身进胯。用右肘顶住对方左腋下，右肩逼向对方右胸，使对方身体重心升高。别住对方右小腿后，要立即向左下方用力拉，并迅速转体、转头。

横倒地摔法

1. 横挂。横挂，是使对方身体向右前方倾斜，并使其身体重心移至右脚支撑时，用左脚内侧挂住对方右脚外侧，使自己身体向左侧倒，并用左脚扫其右脚，使对方横倒摔下的技术。

动作过程：双方均以右自然体站立交手。用左手抓住对方的右中袖外侧，用右手抓住对方的左前领。左脚上步，迫使对方右脚后退。再回拉对方，使其右脚向前上步。左手向左侧拉，右手向上提，使对方身体向右前方倾斜。这时，用两手紧紧拉住对方，用左脚挂住其右脚跟外侧，接着以支撑自己身体的右脚向左侧猛蹬，使身体向左侧倒地。同时，左脚用力扫其右脚，把对方摔倒。

练习要点：当对方把身体重心移到右脚时，正是左手拉，右手上提，使用技术的好机会。横挂技术，可以主动向对方使用，也可以在对方进攻时使用。

2. 横车。利用对方向自己右侧进攻的时机，迅速抱住对方腰部，两脚右移，右腿伸到对方商腿中间，夹住对方的右腿，将对方向右侧横摔下去的技术。

动作过程：双方均以右自然体站立交手。用左手抓住对方的右中袖外侧，用右手抓住对方的左前领。当对方向自己右脚方向上步准备进攻时，两脚稍向左移动，随着撒开左手，抱住对方的腰部。同时，左膝弯屈，用膝盖顶住对方的左膝胭。身体重心下降，以防御对方进攻。当对方感到有受反攻危险时，也采用屈膝，使身体重心降低的方法来防守。这时，要用右脚到左脚，依次向对方的右侧方向移动半步。左手换抓对方的后领，右腿从对方体前伸向两腿中间和左腿一起将对方的右腿夹住，右手推对方的腹部，使对方身体右转，利用自己身体侧倒使对方向右前方摔倒。

得意技的形成

所谓"得意技"，实际上就是某运动员在比赛中能经常发挥威力而得有效分的和点技术。柔道投技进攻技术有几十种，甚至上百种，但就每个运动员本身来讲，真正能在比赛中经常得分和重点进攻技术也不过就是一、两个，最多不会超过三、五个，这些经常能得有效分的重点技术在柔道术语里就被称为该运动员的"得意技"。例如日本被称为世界柔坛王子的山下泰裕的"得意技"是"大外刈"；远滕春男的"得意技"是"扫腰"；柏琦克彦的"得意技"是"巴投"；而我国四次世界冠军获得者高风莲的"得意技"是"外转入"，我国著名运动员赵丽敏的"得意技"是"背负投"；王淑贤的"得意技"则是"内股"。通过以上例子可以看出每个著名运动员都有他们自己的"得意技"，实际上即使是两个运动员的"得意技"相同，但在实际运用中仍然会带有自己不同的特点，也就是说在世界上柔道运动员中间没有绝对相同的"得意技"。我们训练工作的主要目的就是培养运动员形成"得意技"，但柔道投技的"得意技"是怎样形成的呢？如何使我们培养的运动员能在最短的时间以最快的速度使用所培养的运动员形成自己的"得意技"，这是目前我们柔道训练工作中重点的重点。通过十几年的教学和训练工作我们摸索出了一些规律性的东西，找出了一套自己的训练方法。我们把"得意技"的形成过程按顺序分为以下四个阶段，即学习阶段、练习阶段、应用阶段、形成阶段。从理论上来讲这四个阶段化分是符合运动技能形成规律的，但在实际训练工作中证明柔道"得意技"的形成还是有它自身特点的。下面对这四个阶段逐一进行介绍。

学习阶段

在最初的学习阶段的训练中还不能说明某运动员的"得意技"该选择哪一种技术，实践中证明运动员这一阶段的技术训练应该是广泛的、全面的。全面地学习各种技术标准正确的使用方法会给运动员在以后的训练比赛中打好全面的基础。最初阶段的训练要求是最细致的，要求运动员对进攻技术从步法、手法、发力顺序以及使用时机进行深入细致的学习和掌握，这一阶段的训练手段应以示范、观摩、模仿、重复等方法反复进行。要严格掌握要领，一丝不苟的训练。必须保证运动员的在初学阶段对技术要领掌握正确的规范化程度，为"得意技"的形成打下良好的基础。

练习阶段

通过第一阶段的训练可以使运动员初步掌握各种进攻技术正确的使用方法，在这个基础上我们就可以进行第二阶段的训练了。就是利用重复训练手段让运动员有计划地对每一个技术动作进行反复的重复性训练，在本阶段要按照循序渐进的原则由浅入深，由慢向快，由易变难的尺度对每一个技术动作进行千百次地重复。使运动员在没有遇到对抗的情况下逐渐熟悉掌握每一个进攻技术的手法、步法、发力顺序以及进攻条件、进攻的时机。长时间让运动员多次进行重复训练就可以使其达到熟中生巧的目的，从而由量变到质变而形成进攻技术的高度自动化程度（在没对抗的情况下）。同时这样长期反复对同一个技术动作进行重复练习，无形中就使运动员增长了参加这一部分工作的肌肉的力量，也就是训练术语中所说的"专项力量"。日本运动员一般不安排以铃杠为主的力量训练，他们对运动员的力量训练多是以对专项技术进行各种重复训练中来获得专项力量的。

应用阶段

很多人都以为运动员只要热练的掌握了进攻技术就可以说是学会了柔道技术，甚至有人还片面的理解在旁边看看人家使用技术自己就会了。这种理解和认识是错误的，可以比喻为"在旱地上学游泳'。通过多种训练实践得出即使运动员可以熟练的掌握各种进攻技术，但要想在实战中应用还差的很远，只能谈他刚具备。进入第三阶段的训练基础，刚才说过熟练的掌握某一种技术还不能说他学会了这种技术，这是因为柔道技术是在对抗中使用的。我们常常发现运动员平时掌握很熟练的技术动作在实战和比赛中却无法使用出来，这是为什么呢？关键一点就是对抗性的问题，这一点就像在陆地上学会游泳的人初次下水一样。在对抗中使用技术的难度远远超过非对抗时的情况，而我们训练的目的则是要在对方全力防守和随时可能反攻的情况下把技术动作施展出来，这样就要有很多困难，必须要有很多因素同时具备才行。

1. 是进攻的时机要掌握好；
2. 是进攻的速度要快；
3. 是进攻的力量要能克服对方的阻力；
4. 是让对方意识不到。

以上几个因素缺一不可，要能在这几种因素同时掌握好的情况下把技术方法使用出来，就必须到实战中去练习去摸索，这就是要进行第三阶段训练的原因。第三阶段的主要训练手段就是模拟比赛的实战训练，往往运动员在实战中使用技术要失败很多次，这是正常的，一种进攻技术的形成往往是经过千百次的失败以后才能成功的，所以在这一阶段的训练中要鼓励队员别怕失败，失败以后不要灰心。"失败是成功之母"则是对第三阶段训练的最好解释。

形成阶段。

经过第三阶段的训练运动员能在实战中应用出来的进攻技术一般情况下只有几个，但这几个技术还不能说是该队员的"得意技"。我们常常在比赛中发现，运动员平时在实战中常能使用成功的技术往往在比赛中却不能成功地使用出来。这就是"心理障碍"问题，运动员因为在平时的实战训练中没有思想压力，没有对胜负要求的过重负担，所以思想上放的开，行动上果断、勇敢，相对来说，成功的把握就大。而在比赛中发动进攻首要的问题就涉及到成功与失败，进攻成功就可能战胜对方取得胜利，反之进攻失败可能输给对方。

造成比赛的失败，在这种心理压力的情况下就往往使得运动员不敢放开手脚，全面地使用进攻技术，只愿意使用那么一两个在比赛中偶然成功过的技术，并且往往在以后的比赛中总喜欢用这一两个技术进攻，因为它会在心理上有一种安全的感觉。经过在多次比赛中反复应用这一两种进攻技术，逐渐形成对这一两种技术动作的依赖性，久而久之熟中生巧逐渐对这一两种技术的使用时机，力量和速度都有了独到的见解和体会而形成一套自己的比赛中的打法，这就是人们常说的"得意技"。这也就是世界上没有两个人的"得意技"完全一样的根本原因。

以上本文论述了柔道投技"得意技"形成的四个不同阶段，然而在实际训练工作中是不能把这四个训练阶段截然分开的。从总的方面来看"得意技"的形成是应该按照一、二、三、四的顺序走的，但在它的形成过程中往往是经过失败再重复练、练完再失败、失败后再练这样循环不息而形成的，有时各训练阶段同步进行，有时还需要把训练顺序颠倒过来。

第六章

击剑运动的竞赛与裁判

1. 击剑运动概述

击剑的起源

击剑，是两人手持特制钢剑、穿戴护具在规定的场地、时间和剑数内，以刺或劈的动作进行格斗的一项体育竞技运动。

击剑运动是一项历史悠久的传统体育运动项目。早在远古时代，剑就是人类为了生存同野兽进行搏斗和猎食所使用的工具。随着人类历史的发展，剑由最初的石制、骨制发展到青铜制、铁制，最后到钢制，并作为战争的武器，逐步走上历史舞台。击剑在古代埃及、中国、希腊、罗马、阿拉伯等国家十分盛行。公元前 11 世纪，古希腊就出现了击剑课，并有剑师讲课。有关古老的击剑形式，在希腊、埃及等国家中的一些历史建筑和纪念碑上都可见到关于击剑的浮雕。

在中世纪的欧洲，击剑与骑马、游泳、打猎、下棋、吟诗、投枪一起被列为骑士的七种高尚运动。为了研究和推动击剑技术的发展，欧洲各国纷纷成立击剑行会（协会和学校）。西班牙被认为是现代击剑运动的摇篮，第一本击剑书籍就由两位西班牙教练编著。

击剑运动真正得到全面的发展还是在法国亨利三世和亨利四世时期。1776 年，法国著名击剑大师拉·布瓦西埃发明了面罩，这一发明使击剑运动进一步走上了高雅道路。人们戴上面罩、手套，穿上击剑服，就可以安全地进行一连串的攻防交锋。面罩的问世是击剑运动发展的一个里程碑。法国成为当时欧洲击剑运动的发展中心。

16 世纪末和 17 世纪初的欧洲盛行决斗。在这种形势下，为了满足人们对击剑的爱好和需要，又不至于伤害生命，一种剑身较短并呈四棱形，剑尖用皮条包扎的新型剑被设计出来，它受到人们的普遍欢迎，并得到广泛开展，这便是现在花剑的雏形。从此，在欧洲的习武厅、击剑厅及专业学校里，花剑的击剑方式逐渐形成并日趋完善。

热衷于决斗的绅士和贵族从 1885 年开始在习武厅进行练习时，使用三棱形剑，交锋不限制部位，这就是延续至今的重剑。

18 世纪末，匈牙利人对东方波斯人、阿拉伯人及土耳其人早期骑兵用的弯型短刀，进行了改革，于剑柄上装配了一个像弯月形的护手盘，在击剑时可以起到保护手指的作用。后来，意大利击剑大师朱赛普·拉达叶利将它进一步改进，使它能在击剑运动和决斗中使用，并根据骑兵作战的特点，规定有效部位为腰带以上，这便成为现代佩剑的前身。至此，人们在从事击剑时就可以自由地选择花剑、重剑和佩剑。

19世纪初，在法国击剑权威拉夫热耳的倡议下，将花、重、佩这三种不同式样的剑的重量再加以减轻，同时对一些技术原理及战术意义进行深入研究，并且在一些欧洲国家经常开展竞赛活动。击剑运动由此逐渐成为国际性的体育竞赛项目，并最早成为奥林匹克大家庭中的一员。

击剑能手们的行会组织遍布欧洲，其宗旨在于钻研剑术。以此同时，以剑和匕首为武器的轻剑活动也在欧洲逐渐发展起来了。这种活动，直到十七世纪法国路易十四的宫廷中采用轻型佩剑时为止，一直占支配地位。同时期，瑞典人凯尼哥斯改造了花剑，把剑身的前三分之二部分铸细，使剑变得更加轻巧灵活。轻型剑使进攻和防卫的全部动作可以用一只手挥动一件武器完成。我们从欧洲的一些影片及小说中常常可以看到对一些骑士佩剑跨马形象的描述，也有两人为了爱情发生争执或对于某件事情不平而持剑相拼进行决斗的场面。在这些活动中，粗野、残暴与技巧渐渐会合了。1776年法国击剑家拉·布艾西发明了护面，使击剑开始了有了防护设备。从此，击剑逐渐抛弃了流血与决斗，技术动作也有了进一步的发展，既有进攻又有还击和退守。于是，我们今天所进行的这种敏捷、灵巧的击剑运动有可能变成现实。

击剑的发展

现代击剑运动是从历史上的冷兵器发展起来的，随着历史的发展，格斗的击剑逐渐演变为竞技运动形式，比赛受到规则的支配和限制，人们从事击剑时有了花剑、重剑和佩剑的选择。19世纪末形成了当代的击剑运动。1913年国际击剑联合会在巴黎成立，次年6月国际击剑联合会在巴黎通过了第一个国际击剑规则。由于击剑比赛速度快、剑尖小、变化多、动作幅度小，裁判时难于用肉眼看清，1931年，发明并使用了重剑电动裁判器，1955年开始使用花剑电动裁判器。从此，使用这两种剑比赛时，裁判员基本上消除了肉眼看不准的苦恼，运动员也基本上消除了担心裁判看不清交锋情况产生不公正判罚的心理。击剑比赛已经逐渐走向成熟。

　　击剑运动是欧洲传统的竞技体育项目。在法国、意大利、俄罗斯、德国、匈牙利等国家开展的相当普及，有着极其广泛的基础。长期以来，这些击剑强国在击剑理论和训练方法的研究方面都积累了丰富的经验。加上地域的差异和民族的个性，其基本技术动作和战术打法风格都有明显的区别。久而久之，形成了风格各异的击剑流派，并且每个流派在不同的时期都涌现出杰出的代表性人物，从而使击剑这项古老的运动精彩纷呈，引人入胜。

2. 击剑运动技术

击剑的准备姿势

　　*1. 握剑。*目前各国运动员主要使用的剑柄为枪柄，但也有少数重剑运动员使用直柄剑，手柄有左右之分，枪柄也有形状变化，但持剑的方法大体相同。

　　持剑主要依靠大拇指和食指控制剑尖。大拇指和食指稍屈相对握，中指、无名指、小指压紧手柄，使剑柄压柄在手掌根的中线。佩剑则压在小拇指根处，掌心要与剑柄间有一定的间隙，手腕要保持一定的紧张度，有利于控制剑的动作。使用直柄剑对正确体会手腕动作较有利，初学者用直柄剑较好。

　　*2. 击剑运动员立正姿势*与一般立正姿势相同，只是在手自然下垂，右手持剑在护手盘前的剑根处，击剑比赛讲究礼貌，赛前要相互敬礼，课前教练和学生要相互致敬，击剑敬礼，一般由三个动作组成：

　　（1）转身、侧立两脚成直角，脚跟相靠，手臂伸直与身体约成45度角剑尖指向地面；

　　（2）屈臂、剑尖直指向上，护手盘靠近嘴唇；

　　（3）伸臂使剑平指向致敬者。

　　*3. 实战姿势。*实战姿势是一切击剑行为的准备姿势。

（1）实战姿势的作用：便于移动、攻击和防御，使对方难以击中自己。

（2）实战姿势动作要点：运动员侧立，面向持剑前方，前脚尖向前，后脚垂直于前脚跟的延长线，两脚间距离同肩宽，两膝微成半蹲，躯干自然，稍含胸收腹，持剑臂微屈，不持剑臂的大臂与地面平行，小臂向上垂直，手腕、手指自然放松。

击剑步法移动

1. 一般步法。

（1）向前一步：翘起前脚尖，摆小腿向前移动一脚掌，脚跟先着地，过渡到全脚掌，后脚跟上相同距离。注意后脚要离地向前挪动，不要拖地向前。

（2）向后一步：提起后脚向后挪动一脚掌，前脚紧接向后移动同样距离。

（3）向前交叉步：后脚经过前脚内侧交叉向前跨一大步，在前脚尖处着地，前脚接着向前同样距离。

（4）向后交叉步：前脚向后脚经后脚跟交叉向后跨一大步，在后脚跟后约10公分处着地，后脚接着向后跨同样距离。

（5）向前跃步：提起脚跟，向前摆小腿，同时后脚快速蹬地向前跳跃一小步，两脚同时着地，注意两脚着地要同一声音。

（6）向后跃步：提后脚跟，快速向后挪脚，同时前脚掌用力蹬地，向后跃一小步。双脚同时着地。

（7）向内移步：先提后脚向腹侧方向横跨一步，前脚向内移动同样距离。

（8）向外移动：先提前脚，向背侧方向横跨一步，后脚跟随向外移动同样距离。

2. 进攻步法。

（1）弓步：翘起前脚尖，摆前小腿向前，躯干同时向前，后脚掌稍蹬地，使后腿蹬直，前脚跟着地，过渡到全脚掌，大腿几乎和地面平行，小腿垂直地面，后腿伸直，身体稍前倾或弓步姿势。持剑作弓步进攻时，应先伸手臂使剑尖对准目标，再出脚成弓步姿势，不持剑的手臂向后摆动，有利身体平衡。

弓步回收成实战姿势时，应先屈后腿，蹬前脚跟，使躯干后移，还原成实战姿势。

（2）冲刺：先伸持剑臂，带动躯干前移，当身体重心超过前脚时后脚蹬地提膝经前腿内侧交叉向前摆动，前腿同时蹬地伸直，充分展体，后腿交叉着地在前脚前，前脚也交叉向前冲跑。

3. 实战中运用步法的基本要求。

（1）步法要轻巧，动作要自然，特别是能根据战术需要和临场产生的突然情况而迅速转换。

（2）步长能与良好距离感相适应。能快速、及时、准确地避开对手攻击，又能快速，突然地接近对手。

（3）步法要有节奏变化，避免规律化，步法要有欺骗性，能做到真、假难分。

4. 步法练习方法。

（1）集体练习。

①听口令练习：由老师发口令，学生根据口令作相应步法，也可分解练习。对初学者采用这种方法较多。

②看手势练习：老师以各种手势代表各种步法的信号，并经常变换信号含义来提高学生灵活性。

③跟随步法：由老师或一名学生和大家相对立领做，领做者向前，集体向后，跟随练习。

④依次练习：学生一个个依次排队，间隔一定距离，依次练习便于教师认真观察每个学生的动作缺点，及时指出，并能个别纠正、训练中可作为专项准备活动方法。练习内容有一般性步法练习和实战性步法练习。

（2）双人练习。

①跟随练习：由二名学生保持实战距离，一人主动移动，另一个跟随移动，并始终保持着实战距离，可以持剑练习，也可以不持剑练习。

②持杆练习：由二名学生相对立，两个的手掌顶杆的两头，要求一方跟随另一方移动，始终保持这样距离，不准中间的杆掉下来要求

双方手臂尽可能保持原来位置，移动时不要过快，既要控制对方快速变换方法，又要使对方能跟随移动。

③实战性步法练习：二名学生保持实战距离，作实战性动作步法练习。如作攻守练习，一人向前步法中突然发出进攻另一人必须迅速退开后又向前作半弓步来代表还击。

（3）个人练习。

①规定内容：次数或练习时间，如规定5min弹跳步或每组20次向前跃步接弓步，作4组。

②假想对手练习：做10min假想对于实战的连续步法练习。

③对镜练习：对镜自我纠正姿势练习。

（4）专项素质练习。

①负重步法练习，可在腿上或身上负一定重量规定次数或时间的各种步法练习

②阻力或助力的步法练习：主要是弓步和冲刺的练习，利用阻力或助力来提高弓步冲刺的速度和力量。

击剑的进攻方式

运动员伸出持剑臂，用剑尖连续向前威胁对方的有效部位，进攻分简单进攻和复杂进攻。

简单进攻分直接进攻和复杂进攻。

1. 花剑的进攻技术。

（1）直刺进攻，先伸手臂紧接出弓步，手指控制剑尖向目标刺出，直刺进攻，手臂不要一开始就过于伸直，应基本伸直，肩关节保持放松状态直到击中一瞬间才充分伸展手臂。

（2）转移进攻，属于间接进攻。发动在一条线上，结束在对手暴露部位的另一条线上。用剑尖在对手的剑下方做一个半圆形转移动作，同时伸臂刺向对手暴露的目标转移进攻，用手指和弓腕相结合的动作来控制剑尖路线，前臂不旋转，并要求手腕动作不要太大。

（3）交叉进攻：与转移进攻一样是间接的简单进攻，是挑引对方暴露出有效部位立即发起进攻，有内交叉、外交叉，即从第4姿势开始，在第六姿势上结束，或从第六姿势开始，在第四姿势的线上结束。

交叉进攻是从对号剑尖上绕过，到达对手开放的线上。动作过程是前臂弯曲用手臂和手腕做轻微的动作，在一个击剑时间内，沿着对手的剑向上滑动一下，越过对手剑尖交叉进攻注意动作保持时向下，把柄手指向上的姿势，直到伸手臂以最快速度控制剑尖刺向目标。交叉进攻的弓步是紧随着手臂动作做出的，必须不停顿的以最快速度完成动作。

2. 佩剑的进攻技术。佩剑的握剑方法和剑的使用方法都和花、重剑不同，佩剑能劈也能刺而且是以劈为主，所以在进攻方法上也就有其特殊性。

（1）击剑线：在对方发动进攻前，伸直手臂，手心向下，剑尖威胁对方有效部位。

（2）直劈头：伸臂使剑刀指向对方头部。当剑尖接近对方头部时，手指、手腕带动前臂向对方头部劈去。

（3）斜带正手劈：伸臂使剑刃威胁对手第4部位，当剑尖接触对方目标时手腕迅速作顺时针旋转斜劈，使剑尖划劈在对手有效部位后，迅速恢复到第三姿势位置，此动作速度快，接触对手有效部位的力量较小。

（4）正手劈：伸臂使剑刀威胁对手第4部位，手心向斜下方，当劈中对手目标时，用手指、手腕稍带动前臂向对手有效部位劈一个很小的动作，正手劈是以手心向斜上方作出劈的动作的总称。

（5）反手劈：先伸臂使剑刀威胁对方第3部位，手心向下，当剑尖接近目标时，手指、手腕带动前臂向对手有效部位劈去，反手劈是以手心向下完成劈的动作的名称。

（6）直刺：伸臂同时逆转手腕，使手心向下，剑尖下降威胁对方有效部位直接向对方有效部位刺去。

（7）转移劈：先伸臂使剑刃威胁，对手某一部位，随后转动手腕转化或向另一部位劈去。

（8）击打劈：先伸臂同时用剑的前部去击打对手剑的弱部或中弱部紧接着向对手被打开的部位劈去。

（9）对抗劈：在对攻中运作，用自己的护手盘和剑的强部，抗击对方的剑，使对手劈来的剑脱离有效部位，而自己的剑劈中对方。

佩剑的复杂进攻是在弓步进攻动作的击剑时间内有一个或几个假动作的进攻，假动作是装一个简单进攻的样子，去引诱对手在一条线防守而动员攻击对手暴露的另一个部位，要使复杂进攻成攻，假动作应逼真、快速，最后的进攻动作更快。变换动作节奏是重要的，为达到这个要求，需要瞬间的加速度及手持剑的控制能力。

3. 接触的简单进攻。

（*1*）击打转移进攻：击打是迅猛的手腕动作，用自己的剑身敲击，对手剑身。在击打前，要使自己的剑身与对手有一段距离，便于击打。用击打来引起对手在这条线上的反应动作，利用对手反应动作所耽搁的时机，迅速作转移动作，走击中对手。击打转移进攻技术是先击打再转移和其他进攻一样，用弓步来完成动作。

（*2*）压剑转移进攻：和击打进攻同理，区别在于不用击打，而用压剑动作。压剑时，使对手在被压的线上产生一个反抗力，利用这个反抗力作出转移进攻。

（*3*）滑剑转移进攻：滑剑和击打、压剑有同样目的，但在执行方法上有些不同。滑剑的伸臂是在对手的剑身上做向前推进动作，与对手剑的接触时间较长。

当对手的剑被滑，而处于被威胁时，要尽力关闭被滑开的线。当对于的反抗使你的剑脱开时，作转移动作，使剑尖刺向对手的暴露部位，同时也可在对手被滑剑打开的线还没有回复关闭时，立即用直剑刺中目标。

击剑的防守方法

防守的目的是避免被对手击中。由于击剑运动的特点，除主要为武器防守外，还有距离防守，身体躲闪防守二种方法。

1. 武器防守。武器防守是以剑来搁开对手攻击的防守方法。武器防守要注意用自己剑护手盘外的剑枢部即剑的强部去防对手剑的弱部。良好的武器防守必须有合适的距离。一般来说，距离是防守成功的首要条件，武器防守除用剑直接作防守外，还有击打防守、格挡防守两种。

（*1*）击打防守。是用自己的剑作一个击打动作来打开对手的剑。花、佩剑比赛中采用击打防守比较多，尤其是第*4*防守、第*6*防守，第2防守使用击打防守更为普遍，击打防守在规则上处有利，享有优先判权。击打防守动作小防守和还击的速度快。和进攻动作结合比较密切，容易相互转化击打后和对手剑脱离接触，改变刺击点比较方便。但击打防守常是不彻底，有时容易防守不良，在击打防守时，剑尖动作易失控，所以在重剑中较少运用。

（2）格挡防守。也称为压剑防守，是用自己的护手盘和剑根控制住对方攻击的弱部，还击时紧贴着对手剑去击中对手，便于运用抗防守还击，一般来说击打防守在较远的距离中运用，格挡防守是在较近的距离中运用，或双方同时向前时运用，格挡防守作对抗还击较多，在花剑中第6防守一般采用格挡防守较容易。

2. 距离防守。距离防守是依靠步法来退开对方攻击的距离以达到防守的目的，距离防守是最可靠的防守方法，要求要有良好的距离感、节奏感，快速、灵活，以步法转移能力。距离防守经常与反攻配合，但防守后还击较困难。

3. 躲闪防守。躲闪防守是依靠身体位置的变化来避开对手攻击。在花剑和佩剑中用较多，躲闪防守经常与反攻相配合如下蹲反攻和侧身反攻。

3. 击剑运动比赛

剑是双人比赛，比赛中，一方用剑尖刺击对手，使剑尖准确无误地刺在有效部位并具有刺入的性质。最后有效点击数多的一方为胜。按规则，循环赛在四分钟内五次击中，淘汰赛在九分钟内十五次击中。最先击中对方达有效次数，或时间到后击中对方次数多者为胜。团体赛，最先击中对方达45次的团队为胜。

击剑运动有三种武器：重剑、花剑、佩剑。三种武器的有效击中点及比赛规则亦有不同，故每种武器都有其竞技特点。相比而言，花剑更具运动性，佩剑速度最快，重剑则更需要技巧和准确性。

设　备

1. 花剑。花剑是惟一的完全刺击武器。它是这三种武器中最轻的一种。花剑比赛中，只准用剑尖刺对方的有效部位，电动剑尖必须超过500克的压力，才能使裁判器产生信号，普通剑必须清晰、明显的刺中。花剑和佩剑只有进攻一方才能得分。

花剑比赛讲究击中优先权。剑道旁的裁判为主裁判，他必须在花剑和佩剑比赛中，双方同时击中时，决定谁有"击中优先权"。

2. 重剑。重剑是从古代的决斗中遗传下来的，所以在三种剑中它最重。重剑只能用剑尖刺对方的有效部位，正式比赛应用电动器械。电动剑尖要大于750克压力，才能使裁判器显示信号。重剑击中时，裁判器只显示红色或绿色的彩灯。重剑击中的部位最大，包括全身，即：躯干，腿脚，手及臂以及头盔。在0.04秒内击中对手两次就可得分。

3. 佩剑。佩剑是现代骑兵用剑，佩剑是既劈又刺的武器。在实战中，以劈中得分为多。击中有效部位是上身、头盔及手臂。

4. 剑道。剑道一般都是一点五米宽、十四米长，一般用金属性材料制成。剑道有边线、底线以及预备线。每个击剑者在后脚退到端线才被"警告"，然后被警告者后脚站在离端线两米的警告线前继续比赛。

5. 服装。服装的主要用途是起保护作用，服装包括短上衣、护臂和胸的胸甲、护头和脸的面罩、护手的手套、护下身的短裤或马裤以及特制的击剑鞋。

预　备

比赛在一点五到一点八米宽、十四米长的剑道上来进行。当裁判宣布准备比赛时，双方队员在离中心线两米处紧急就位。队员们应该侧身站着，手中剑必须指着对手，未握剑的手靠在背后。运动员每得一分都得回到这个姿势重新比赛。

得　分

使用重剑、花剑、佩剑击中，就是用剑尖刺击对手，使剑尖清楚地、准确无误地刺在有效部位并具有刺入的性质。到达对手身体的任何部位的击中，都是有形的、实体的、实质性的击中。为了使之成为有效的击中并得分，落点必须在有关剑种规定的有效部位内。

重剑是完全刺击武器。只有剑尖击中有效，剑身横击无效。击中有效部位包括全身即：躯干，腿脚，手及臂以及头盔。与花剑及佩剑不同，重剑每次击中都有效。若双方在四分之一秒内相互击中，双方各得一次击中数。最容易被击中的部位是手。所以，重剑比赛需高度准确性，攻击对方的好机会常常是当对方开始攻击的时候。两位选手的剑尖分别装有红光和绿光探测器。击中发生时，剑尖会产生一束强光。花剑是完全的刺击武器。只有剑尖刺中才有效，剑杆横击无效。有效击中部位是上身。击中有效部位由金属衣裹覆，这样，电子仪器便可以分出有效和无效击中。花剑比赛也讲究击中优先权。先攻击而击中者得分。被攻击者须先做出有效抵挡动作后再进攻击中才有效。双方同时击中均不得分。在此情况下，击中优先权很难区分，如有时剑触及手臂，在花剑中是无效部位。

躲闪、移动和超越

移动和躲闪是允许的，甚至不持剑的手可以接触地面。

在比赛过程中，禁止转身背向对手。当发生这种错误时，裁判员将按第 114 条、第 116 条、第 120 条的条款处罚犯规运动员。同时该运动员可能击中的一剑将被取消。

在比赛过程中，当一个运动员超越他的对手时，裁判应立即发出"停"的口令，命令双方回到超越之前各自占据的位置。

在超越过程中，如发生相互击中的情况，立即做出的击中被视为有效，而超越之后的击中则被视为无效。但是受到攻击的运动员在转身时立即做出的击中应为有效。

比赛过程中，当一个做冲刺的运动员显示被击中，同时他超越场地顶端很长距离，而引起拖线盘或拖线盘联接线被脱开，他受到的击中不会被取消。

犯规与处罚

比赛重新开始后，一般情况都是从同一地点开始比赛（判罚丧失场地除外）。判罚丧失场地一般是把比赛的现场向犯规的团体移一米。如果选手的双腿都触底线，将被罚击中一剑。

警告后，再犯同一错误，也会被罚击中一剑。像在佩剑中的冲刺冲撞，在花剑中故意做身体接触，在重剑中推挤对手也属于故意身体接触行为。都会被罚击中一剑转身背向对手、剑尖在场地上非法拖划和重刺或者用不持剑手遮盖避免被击中都是犯规行为。第一次给以黄牌警告，如果再犯，将出示红牌判罚被对方击中一剑。对那些更为严重的犯规，比如报复与粗暴冲撞以及与对手串通舞弊，将会直接出示黑牌驱逐出场。

击中的判断

1. 击中的具体情况及取消击中。对于击中的具体情况，只能以裁判器显示为准。如果裁判器不显示击中信号，裁判员就不能宣布某运动员被击中（除非组织规则中第*17*条、第*24*条规定的情况和罚剑情况下）。

裁判员应该重视电动器材可能发生的故障，尤其是在任何重新实际交锋之前，且场上器材没有任何更换时，在裁判认真监督下进行测试后，确认有以下情况，他应当把自己在裁判器显示击中信号后刚刚认可的一次击中取消。

——宣布被击中的运动员做出有效击中，但没有引起"击中"信号；

——宣布被击中的运动员引起的信号在裁判器上不能保持稳定；

——在宣布被击中运动员身上产生"击中"信号，而实际上并未发生击中，或者是由于接触剑或无效部位而产生这一信号。

如果宣布被击中的运动员的佩剑不符合器材规则第*24*条第*4*到第*6*段的规定（护手盘、剑柄及其剑头的内外导分应当绝缘），即使击中剑身而引起信号，击中也将不被取消。

2. 裁判员还应当执行下列规则。

（*1*）只有在确认故障前的最后一次击中可以取消；

（*2*）运动员如果未经裁判员的同意在其做出裁决之前着手改动或更换自己的器材，就将失去取消击中的一切权利；

（*3*）如果实际交锋已重新开始，运动员就不能再要求取消重新开始之前已被确认的被击中的一剑；

（*4*）在设备中（包括运动员自己的器材）发现缺陷的地方，对于可能发生的取消无关紧要；

（*5*）为确认故障，没有必要每次重复试验，但毫无疑问该故障必须至少一次得到裁判的亲自确认，试验过程由他自己或在他指挥下进行；

（6）显示被击中信号的运动员如果碰巧折断其剑身，可以因此取消对手对他的击中（除非剑身断裂明显在记录击中之后）；

（7）裁判员应十分注意裁判器未显示或异常显示的击中情况。在这些故障重复出现的情况下，裁判应当向在场的电动器材委员会成员或专职技术专家求助，以便检查器材是否符合规则。

（8）由于意外情况而不可能进行检查时，击中将被视为可疑，从而被取消；

（9）如果裁判器两侧均显示信号，裁判将执行条款第80条的规定。

（10）在执行通则时，即使无任何信号被记录下来，只要交锋一变混乱，使裁判无法分析一系列交锋时，就应当停止交锋。

攻击动作

1. 进攻动作进行时只是单一动作，即为简单进攻。简单进攻可以直接（在同一条线上）也可以间接（在另一条线上）进行。

当进行由多个动作组成进攻时即为复杂进攻。

2. 还击有及时与不及时之分，但这只是还击动作速度问题。例如：

（1）直接的内单还击：

——直接还击：防守后未离开防守线而击中对手的还击；

——压剑还击：防守后在对方剑身上滑动而击中对手的还击。

（2）间接的简单还击：

——转移还击：防守以后，在相反线上击中对手的还击（如果防守是在上线，那么经过对手剑的下方还击。如果防守在下线，那么经过对手剑的上方还击）。

——交叉还击：防守以后，经过对手剑尖前面，转向相反线上击中对手的还击。

（3）复杂还击：

——画图还击：防守后，在对方剑的周围画了一个完整圆周，而在相反线上击中对手的还击。

——两次转移还击：防守后首先经过对手剑的下方转移到相反线上，再回到防守线后击中对手的还击等等。

第七章

射击运动的竞赛与裁判

1. 射击运动概述

射击的起源

在射击被列为体育项目很久以前，人们就经常通过武器比试。几个世纪以来，掷矛就被用来训练狩猎技巧。古希腊人举行射箭比赛，把鸽子从高处射下以祭祀神灵。有资料表明印度人、波斯人、斯拉夫人、塞尔特人和德国人也举行类似的仪式。但是到了 10 世纪，它们被归为体育运动。瑞士人把矛、斧和钩子组合成两米长的戟，并用于体育竞赛。13 和 14 世纪时，说德语的国家成立了第一个男子俱乐部，使得毛瑟枪广为流行。使用多种不同的枪支对各种不同的目标进行射击，以命中的精确度计算成绩的一种体育竞赛项目为射击运动。近代射击运动是从军用射击和狩猎射击演变而来的。瑞士在 15 世纪就举办过一种火绳枪射击比赛。19 世纪发明了从后膛装填子弹的步枪，射击的精确度大大提高，枪支的操作和携带更为方便，为射击运动的开展创造了条件。这时期欧美一些国家的射击运动有了一定程度的发展。

广义上的射击是人类最早的生产活动之一。从投掷石块狩猎，到使用弓箭，再到使用火气，生动地体现了"科技是第一生产力"的真理。值得骄傲的是，火器中使用的火药就是中国人发明的。回顾历史，射击曾被用于战争，也被用于和平，曾被用于镇压人民，也被用于人民革命。在当今和平与发展为世界主题的时期，射击运动则越来越成为世界人民喜闻乐见的体育项目。参加射击活动既能学习技术，又可锻炼身体，广大射击爱好者把射击运动作为有益于身心健康的娱乐活动。目前，除举行世界和洲的射击锦标赛外，射击还是奥林匹克运动会、洲运动会以及其他重大国际比赛的重要竞技项目。

射击是用枪支对准目标打靶的竞技项目。国际比赛有男女个人项目，也有团体项目。使用枪支射击的人叫射手（射击运动员）或叫神枪手。射击运动员的技术叫射击术。

最初枪支用于狩猎和军事目的。现在，射击被当作是一种娱乐活动。射击首次列入现代奥运会在 1896 年雅典奥运会。1897 年举行了首届世界射击锦标赛。1907 年世界射击联盟成立。

射击项目在世界上居于领先地位的国家有美国，中国，俄国和德国。

射击的发展

大约 1710 年，打靶射击随着燧石发火的来福枪传入美国。印地安人用它来觅食和防身，拓荒者们通过打树上的节或木板上的叉来练习枪法。美国的第一场比赛是非正式的，被称为"欢乐来福"或"射鸡时间"。人们距靶子 75 至 90 米远。19 世纪 90 年代在美国迅速发展的比赛用来福枪与欧洲射靶枪类似，长枪膛，双扳机，有瞄准器。当 1852 年发明了雷管后，正式射击比赛吸引了成千上万的人热情参赛。19 世纪 30 年代的早期，美国出现了飞靶射击比赛，起初是以活鸽子为靶子，后来使用玻璃球和黏土靶。在同一时期，国际组织处于萌芽时期。1907 年，八个国家组成了国际射击联盟。如今，这一有 148 个成员国的组织被称为"国际射击运动联合会"。法国人皮埃尔·顾拜旦在创立现代奥林匹克运动会之前，曾多次赢得全国手枪冠军。射击作为世界性的体育竞赛项目始于 1896 年的第一届奥运会，至今仍是奥运会的传统项目之一。世界射击锦标赛字 1897 年起每年举行一届，1931 年后改为每两年一届，1954 年又改为每四年一届。此外还有洲锦标赛、世界杯赛等几十项国际性比赛。从世界射击运动开展的历史看，以欧美国家开展的最早、最广泛。就水平而言，目前俄罗斯及东欧国家较高。中国射击运动起步较晚，1952 年正式列入体育项目，但成绩提高较快。

无论过去还是现在，"枪"始终是"兵"手中最基本的战斗武器。沿着它们产生、发展、演化的足迹，人们可以清晰地看到人类战争一幕幕悲壮的发展历史。

步枪的老祖宗是火门枪，从第一支火门枪诞生到现在，步枪变更了 9 大种类，即火门枪、火绳枪、转轮打火枪、燧发枪、击发枪、连珠枪、半自动步枪、自动步枪和突击步枪，而未来则可能最终被理想单兵战斗武器所取代。

公元 *1132* 年，中国南宋的军事家陈规发明了一种火枪，这是世界军事史上最早的管形火器，它可称为现代管形火器的鼻祖。到了南宋开庆元年（1259 年）寿春府人创造了一种突火枪，该枪用巨竹做枪筒，发射子窠（内装黑火药、瓷片、碎铁、石子等）。燃放时，膛口喷火焰，子窠飞出散开杀伤对阵的敌人，这是现代霰弹枪的真正起源。

公元 *13* 世纪，中国的火药和金属管形火器传入欧洲，火枪得到了较快的发展。*15* 世纪初，西班牙人研制出了火绳枪。后来，被明王朝仿制，称之为鸟铳。在使用过程中，要先从枪口装入发射药，再填入弹丸，还要用通条将弹、药冲压填实，然后才能瞄准射击。据文献记载，最早的枪膛内带有膛线的火枪诞生于 *15* 世纪初的德国。但当时还只是直线形的沟槽，这是为了更方便是从枪口装填弹丸。意大利至迟在 *1476* 年就已有螺旋形线膛的枪支。螺旋形膛线可使弹丸在空气中稳定地放转飞行，提高射击准确性和射程。"膛线"英文为 refile，音译为"来复"，线膛枪也因此称为"来复枪"。直到公元 *1525* 年，意大利人芬奇发明了燧发枪，将火绳点火改为燧石点火，才逐渐克服了气候的影响，且简化了射击程序，提高了射击精度，可随时发射。*17* 世纪初，丹麦军队最先装备使用了来复枪。但由于来复线制作成本高和从枪口装填弹药不便，所以许多国家的军队不愿装备使用有螺旋形的枪。

卡宾枪源于 *15* 世纪西班牙骑兵所使用的一种短步枪。卡宾枪即马枪、骑枪。它是枪管比普通步枪短，子弹初速略低，射程略近的轻便步枪。卡宾枪，实际上也属于步枪系列。它的枪管较短，重量较轻，可以说是因骑兵的需要而诞生，所以有人又叫它骑枪或马枪。其实，俄国在 *14* 世纪末制造的一种"短小型"火绳枪，就已具有滑膛卡宾枪的雏型了。在许多的情况下，卡宾枪只是同型普通步枪的缩短型。原先卡宾枪主要是供骑兵和炮兵装备使用。在骑兵渐被淘汰后，它也曾作为特种部队、军士和下级军官的基本武器。

2. 射击比赛项目

手　枪

手枪射击

1. 确定射击姿势的原则。

（1）尽量利用骨骼承重，以减轻肌肉负荷，增加姿势的稳定性。

（2）尽可能保持肌肉用力协调，以保证人枪结合的稳定。持枪的手臂主要依靠伸屈肌的协调用力保持稳定。

（3）有利于固定关节。在没有依托物可以支撑的条件下，通过关节和韧带固定达到稳定。手枪姿势结构的重点是枪、手结合，手腕固定，肩臂动作协调和腰部力量的保持。

2. 姿势外形。

（1）两脚站立位置：射手以右侧对向目标站立（右手持枪的射手），两脚开度约与肩同宽或略小于肩宽，两脚平行脚尖稍向外展，脚尖子齐或左脚稍突出。两腿自然伸直，小腿稍前倾拉伸跟腱，重心落于脚掌。微挺小腹，胯向前送出。身体稍向右侧转并塌腰，上体稍向左后方倾斜（不宜过大），总重心落点位于支撑面中心或稍靠左前方。

（2）固定踝关节：踝关节是保持身体站立姿势稳定的重要环节，射击姿势的重心落点不正确会增加以踝关节为轴的身体晃动，因此，应从利于踝关节固定和用力均匀为出发点来选择站立姿势。

（3）头部姿势：射手头向右侧转并保持正直，眼平视使前庭器官保持正常状态。

（4）右臂：持枪的手臂向目标方向伸出，肩胛带稍向躯干方向内收并塌肩，以利于固定肩关节保持臂的稳定。塌肩和内收的姿势是使肩关节盂和肱骨头紧密结合，并起一定的支撑作用，同时可使枪、臂重心靠近躯干增加稳定。肘关节稍用力伸直，使肩臂和握枪的力结合确实自然协调。右肩不可取提肩姿势，以防肌肉过分紧张而产生突然的闪动。持枪手臂与身体的夹角一般在 *145~165* 度之间，不宜过小或过大。过小不利于肩关节的固定，过大则因头部转动大而增加颈部肌肉紧张，姿势不易持久。

3. 握枪。

（1）木套的使用：木套是枪、手结合，固定手腕，保持枪支稳定和便于扣扳机的借助条件。慢射手枪木套的修理应掌握以下几点：

①确定虎口位置。握枪手的虎口位置应尽量接近枪管轴线，以减少发射差角对射击精度的影响。

②通过构成正确的准星缺口关系，修正上护木和底托，并确定塌腕角度。木套与手型相吻合，底托与腕骨相接形状与手腕吻合，手的各部位着力均匀稍紧，但无压痛感。

③食指保持灵活自如，扣动扳机时不影响准星缺口平正关系的保持。

合适的木套是在训练过程中修理并在逐渐适应中定型的，木套修理不可急于求成草率从事，否则将不利于动作定型。

木套只是提高成绩的借助因素，不应将过多的时间和精力用于木套修理而影响技术训练。

（2）握枪要领：在规则允许的范围内使手腕下塌以充分利用木套的支撑作用。下塌手腕的腕骨与木套底托相接以固定支撑手腕。虎口对正枪管轴线，手臂、虎口与枪管大体成直线。拇指自然伸直放于拇指托上，通过中指、无名指、小指以及大小鱼际肌将枪握住，中指有承受枪支重量的感觉。食指保持灵活，第二指节轻靠木套放在食指托上。

腕关节的固定是构成和保持准星缺口平正关系的重要环节。腕关节固定的基本要求是：握枪的手臂通过腕关节紧密结合构成正确瞄准，在相对稳定的协调晃动中保持准星缺口的平正关系，做到食指扣扳机时单独用力。

射手应以中等偏小的力量握枪，这样容易做到用力协调，不致于因握力过大而使手臂颤抖破坏稳定。

无声手枪射击

无声手枪的准确称谓应该是微声手枪。由于这种手枪采取了消音装置，在室内射击时，室外听不见声音，反之也是一样，故俗称无声手枪。

无声手枪的奥秘在它的枪管上，枪管外面装有一个附加的消声套筒。各种无声手枪的消声套筒结构并不相同，但消音作用是一样的。最常见的是在消声套筒前半部装有卷紧的消音丝网。当子弹射出后，枪口喷出的高压气体不直接在空气中膨胀，而是进入消音丝网，大部分能量被消音丝网吸收消耗，所剩气体喷出套筒时，压力和速度都很低，发出的声音就很微弱了。有的是将消声筒前端用橡皮密封，子弹从枪口射出，穿过橡皮，橡皮很快收缩，阻止气体外溢，从而起到消声作用。还有的在消声筒出口装上类似照相机快门一样的机械装置，靠火药气体自动开启，子弹射出后迅速关闭，剩余气体不能随之流出，这样也可以使子弹不发出大的声响。

消声套筒除了前端有的消音装置外，套在枪管上的后半部还开有一些微型排气孔，可导出枪膛内的一部分气体，以减少枪口处的气体压力。再加上无声手枪使用速燃火药，燃烧速度快、过程短，所以在射击时基本上听不到声音。

女子运动手枪

女子运动手枪项目始于60年代后期，当时尚无定型的竞赛规则，一般沿用男子标准手枪规则，或参加男子标准手枪项目比赛。1975年国际射联正式颁布女子运动手枪竞赛规则，定为30＋30慢加速射，同时列入国际射联正式比赛项目。1984年洛杉矶奥运会首次列为比赛项目。

我国是开展女子手枪项目比较早的国家，至1975年该项目已涌现出一批具有世界先进水平的射手，在国内和国际比赛中多次超过该项世界纪录。

标准手枪与中心发火手枪

标准手枪项目始于60年代，并成为世锦赛项目。我国1973年开始训练，在我国发展很快，1975年第三届和1979年第四届全运会上都曾达到和超过世界纪录。该项目使用标准手枪,在枪支构造上对瞄准基线长度、扳机引力重量、木套规格等方面都有严格的规定和要求。该项目是介于慢射和速射之间的项目。包括*150秒、20秒、10秒*三种时间。*150秒*内发射*5*发子弹,基本属于慢射项目,但不能有更多重新局枪机会。*20、10秒*属于对单靶一次举枪连续发射*5*发的速射项目,但比手枪速射有充裕的稳枪瞄准和击发时间。该项目使用的是*4号环靶*,其*10*环直径为*5*厘米,比手枪速射项目要求精度高,技术难度也比较大。

步 枪

奥运会的比赛项目

*1924*年法国首次举行女子小口径步枪比赛。*1929*年瑞典举行小口径步枪世界锦标赛,采用卧、立两种姿势。*1930*年起改为卧、跪、立*3*种姿势。奥运会比赛项目有:

1. 男子小口径步枪*3×40*米使用小口径步枪,按卧、立、跪*3*种姿势的顺序向距离*50*米的靶各射*40*发子弹,包括试射在内的总时限为*3*小时*45*分。*1952*年被列为奥运会比赛项目。

2. 男子小口径步枪*60*发卧射,用卧姿向距离*50*米的靶射*60*发子弹,包括试射在内的总时限为*1*小时*30*分。*1908*年被列为奥运会比赛项目。

3. 男子气步枪*60*发立射,用立姿向距离*10*米的靶射*60*发子弹,包括试射在内的总时限为*1*小时*45*分。*1984*年被列为奥运会比赛项目。

4. 女子标准步枪*3×20*米用小口径标准运动步枪,按卧、立、跪*3*种姿势的顺序向距离*50*米的靶各射*20*发子弹,包括试射在内的总时限为*2*小时*15*分。*1984*年被列为奥运会比赛项目。

5. 女子气步枪*40*发立射用立姿,向距离*10*米的靶射*40*发子弹,包括试射在内的总时限为*1*小时*15*分。*1984*年被列为奥运会比赛项目。

步枪的发展历程

步枪的发展过程基本上与手枪类似,都经过火绳枪、燧发枪、前装枪、后装枪、线膛枪等几个阶段，以后又由非自动改进发展成半自动和全自动枪等。

实际上，步枪之起源，最早的记载是中国南宋时期出现的竹管突火枪，这是世界上最早的管形射击火器。随后，又发明了金属管形射击武器——火铳，到明代又有了更大的发展。

15世纪初，欧洲开始出现最原始的步枪，即火绳枪。到16世纪，由于点火装置的改进发展，火绳枪又被燧发枪所取代。从16世纪至18世纪的300年间，由于当时的技术条件，步枪都是前装枪，使用起来费时费事，极为麻烦。

1825年，法国军官德尔文对螺旋形线膛枪作了改进，设计了一种枪管尾部带药室的步枪，并一改过去长期使用的球形弹丸，发明了长圆形弹丸。德尔文的发明对后来步枪和枪弹的发展都具有重大影响，明显提高了射击精度和射程，所以恩格斯称德尔文为"现代步枪之父"。但德尔文步枪仍是从枪口中装弹的前装式枪。

到19世纪40年代，德国研制成功了德莱赛击针后装枪，这是最早的机柄式步枪。这种枪的弹药开始从枪管的后端装入并用击针发火，因此比以前的枪射速快4~5倍。但步枪的口径仍保持在15~18毫米之间。到60年代，大多数军队使用的步枪口径已经减小到11毫米。19世纪80年代，由于无烟火药在枪弹上的应用，以及加工技术的发展，步枪的口径大多减小，一般为6.5~8毫米，弹头的初速和密度也有提高和增加。因此步枪的射程和精度得到了提高。

19世纪末，步枪自动装填的研究即已开始。1908年，蒙德拉贡设计的6.5毫米半自动步枪首先装备墨西哥军队。第一次世界大战后，许多国家加紧对步枪自动装填的研制，先后出现了苏联的西蒙诺夫、法国的1918式、德国的伯格曼等半自动步枪。至第二次世界大战后期，各国出现的自动装填步枪性能更加优良。而中间型威力枪弹的出现，则导致了射速较高、枪身较短和质量较小的全自动步枪的研制成功，这种步枪亦称为突击步枪，如德国的stg44突击步枪、苏联的AK-47突击步枪等。

现代步枪的主要特点

1. 采用多种自动方式，包括枪机后坐式（自由枪机式和半自由枪机式）、管退式（枪管短后坐式和枪管长后坐式）、导气式（活塞长行程、活塞短行程和导气管式），但多数现代步枪的自动方式为导气式。

2. 有多种发射方式，包括单发、连发和 3 发点射方式等。

3. 一般配有枪口制退器、消焰器、防跳器，有的可安装榴弹发射器，发射枪榴弹。

4. 采用弹仓式供弹机构，半自动步枪一般采用不可更换的弹仓，容弹量 5～10 发。自动步枪则采用可更换的弹匣，容弹量 10～30 发。

5. 全枪长度较短，一般在 1000 毫米左右，质量小，空枪质量一般为 3～4 千，便于携带和操作使用。

6. 初速大，一般为 700～1000m/s；战斗射速高，半自动步枪为 35～40 发/min，自动步枪则为 80～100 发/min，能够形成密集的火力。

7. 寿命长，半自动步枪一般至少为 6000 发，自动步枪不低于 10000～15000 发。

8. 结构简单，加工制造容易，造价低。

步枪的三种射击姿势

1. 步枪卧姿。在步枪三种射击姿势中，卧姿是容易学习和掌握的一种姿势。卧姿射击预备是在身体比较稳定的条件下进行的。调整卧姿姿势时，射手几乎全身俯卧并两肘支撑在地上，卧姿姿势所构成的支撑面比立姿和跪姿要大得多，由枪支与身体结合组成的总重心位置低，整个姿势具有良好的稳定性。

2. 步枪立姿。在卧、立、跪三种射击姿势中，立姿的重心最高，支撑面最小，姿势的固定和保持主要靠骨骼的支撑、肌肉的紧张来实现。立姿姿势的这种特点，迫使射手采取不自然、不对称的姿势，较大程度上改变了肌肉的正常负荷。根据以上特点，立姿的稳定性较差，因此，如何改善其稳定状态是研究立姿姿势结构的中心课题。

3. 步枪跪姿。跪姿姿势的基本特点是：射手右腿跪在沙袋上，身体重量主要由沙袋承担，腰脊成弓形，身体重心落在沙袋附近。据枪后左小腿承担部分枪的重量，左肘既不能紧靠躯体，又无固定的支撑，这就给人枪密切结合造成了困难。所以，如何保持人枪系统的密切结合至关重要。

移动靶

移动靶概述

以小口径步枪立姿向距离10米的移动靶射击。移动靶多为跑动的猪靶，故又称跑猪靶。早期移动靶安装在滑车上，靠人工带动后的惯性前移，现多为电子操纵。仅设男子项目，1900年起被列为奥运会比赛项目。使用大口径步枪对100米距离处跑动的鹿靶进行射击。鹿靶在4秒内通过23米开阔地。分50次单发射击和25次双发射击两个项目。一直开展到70年代初。60年代初，世界锦标赛开始增设使用小口径步枪射击的50米移动靶项目。先后有小跑鹿、跑獐、跑狍等靶子的多次易变。自1965年以后定型为野猪靶。1980年国际射联增设了10米移动靶项目，使用气步枪对2米开阔地跑动的小跑猪靶进行射击。从1989年1月1日起，又将小跑猪靶改为画有两个靶心和一个圆形黑点的黑心环靶。

移动靶项目，是对与射击地线平行方向的移动目标在限定的时间（快速2.5秒，慢速5秒）和区域（2米或10米）内进行跟踪射击。每发射击之间只有短暂的间隔供射手分析、判断和准备。射击一经开始，就必须连续射完规定的弹数，不得中断。因此，要求射手具有思维敏捷、反应迅速、准确的判断能力和良好的心理自控能力。

奥地利施泰尔·曼利夏有限公司生产的施泰尔4.5毫米移动靶比赛气步枪，是按照移动靶比赛项目的最新规定研制的，因此适用于跪姿和卧姿比赛项目。

移动靶的结构特点

该移动靶比赛气步枪采用二氧化碳气体作为发射枪弹的动力源，结构紧凑合理，调整功能齐全，机构动作可靠，操作方便。发射枪弹所需时间比其他同类型气步枪短30%左右。

1. 枪。该枪主要由枪管、机匣、扳机、护木等组成。枪管、机匣和扳机经特殊组装而成，既有利于缩短发射时间，又能提高射击精度。拧下枪管节套，全枪长度可缩短342毫米，便于运输和携带。枪管上有两个平衡块，质量分别为 75 克和 150 克，可沿枪管轴向移动。扳机、贴腮板和托底板均可调。托底板用硬木料加工而成。该枪配有空枪练习装置，不用任何工具即可方便地装卸。气瓶最大充气量为 93 克液态二氧化碳，足够发射约 320 发枪弹使用。

2. 瞄准装置。该枪配用施泰尔专用瞄准具，这种精密的瞄准具能对风向进行修正。

弹药：该枪发射 4.5 毫米气枪弹。

性能数据

口径——4.5 毫米

全枪长——1315 毫米

全枪高——255 毫米（含步枪瞄准具）

全枪宽——55 毫米

全枪质量——4.75 公斤（不含气瓶、瞄准具）

瞄准装置——光学瞄准具

配用弹种——4.5 毫米气枪弹

飞　碟

始于 18 世纪末的英国。采用双筒猎枪，最初射击目标为活鸽，后用泥制物代替。现用沥青、石膏等材料混合压制而成的碟状物，故称飞碟。比赛时，抛靶机按固定方向抛靶，射手依次在不同位置射击，以击碎碟靶为命中，命中多者为胜。

飞碟项目，始于 1900 年第二届奥运会，1929 年举行了第一次世界锦标赛，以后即成为历届奥运会、世界锦标赛、亚运会以及亚洲射击锦标赛的主要竞赛项目。早期的飞碟项目，是对放飞的鸽子进行射击，后改为对碟靶射击。飞碟项目近似狩猎活动，趣味性强，深受人们的欢迎。

飞碟多向射击时，碟靶飞行最远距离为 75 米，飞行时间 4 至 5 秒，散弹最佳命中距离在 35 米以内。因此，射手必须在碟靶飞出靶壕 15 至 20 米内完成击发，也就是说要求射手必须在 0.4 至 0.6 秒内完成运枪、瞄准、击发一系列动作，其动作之迅速、反应之快是可想而知的。碟靶在一定范围内向不同方向（包括不同角度和高度）飞行，分别由 3 个抛靶方向。碟靶的飞行高度可在 1.5 至 3.5 之间变化，规则中有 9 个抛靶方案供比赛使用，每一个方案的抛射角度和高度都不一样，充分表现了多变的特点。子弹使用重 24 克装有约 270 粒铅丸的散弹，发射后依靠散布面的任何一部分弹丸命中目标。因此，只能是概略瞄准目标。

在多向飞碟和双多向飞碟比赛中，如果射手发出信号后，碟靶没有马上飞出，射手可以放下猎枪拒绝射击。在双向飞碟比赛中，选手要靶后，至少有三秒钟的停留时间。如果碟靶没有准时发出，选手也可以放下手中的猎枪。在所有的飞碟射击比赛中，按飞碟比赛规则击中碟靶就被称作"中靶"。飞碟比赛中，射手们可使用口径不超过 0.12 毫米的双管猎枪。由于多向飞碟项目的射程更远，为确保远距离的准确性，这些项目的枪管应该更长，枪管范围为 76～81 厘米。一般双向飞碟用枪的枪管长度为 66～71 厘米。

3. 射击基础知识

射击小知识

射击基础知识

1. 世界性射击管理机构名称是国际射盟（UIT）是射击运动世界管理机构。

2. 重要的国际射击比赛是：最重要的国际射击比赛是世界射击锦标赛。

3. 卧姿（要领）是：射手采用卧姿射击时，平卧腹部着地，用双肘支撑上体，枪托抵住肩部或腋窝，射手只能用双手托枪。

4. 手枪射击不同的几个项目是：自选手枪射击，手枪速射，标准手枪射击，气手枪射击和运动手枪射击。手枪速射项目打 60 发子弹。（HPS）表示满分。手枪速射项目的满分是 600 分。

瞄准具介绍

后瞄准具：内圈调幅 2.4～4.4 毫米，外圈调幅 7.0～9.0 毫米。

后瞄去虚光管：带偏真器，适用于安舒兹，斯太尔。

瞄准具底座：全部易位考虑，随前瞄准具共同旋转角度。

前瞄准器：增厚环园，为水平线。

前瞄水平仪：置前瞄上，水平液亮度刻调节，蓝色电镀。

后瞄准器：可封闭式，每响 50 米弹着移动 1.5 毫米，银蓝色。

后瞄具棱镜：可旋转。

射击工具及防护品

Varga 步枪眼镜架：格曼步枪专用眼镜架重量轻，鼻梁架可调节带去虚光器。

遮眼头巾：多种色彩供选。

瑞典射击耳包：红、黑、军绿三色供选。

气枪测速器：测定气枪初速度。

扭矩扳手：用于各种枪支内六扳手，左右手使用。

Tristop 定时表：七钻机械，帮助射手准确计时。

触发板机称：用于精确测量板机实际重量，范围 25 ~ 500 克。

擦枪弹：毛毡，100 克，4.5 毫米。

旋转陀螺：用于小臂肌肉的稳定锻炼。

观众需保持绝对安静

射击比赛，尤其是气手枪比赛中，选手们虽然基本处于静止状态，但这丝毫没有降低他对观众的感染力。当选手们全神贯注地瞄准靶位时，现场以及电视机前的观众都因他们专注的眼神而绷紧了神经。

射击比赛的环境有时甚至可以称得上是压抑的。一种无声的压力无形地弥漫在整个体育场中。这个时候坐在观众席上的我们更应该自觉为运动员营造出完美的比赛环境，这是作为观众的义务和责任。

进入射击馆，我们似乎就进入了一个独立的世界。对于射击场馆的要求，人们大多不熟悉其中的规则。仅有一面的看台，安静的比赛环境，早于选手得知比赛结果的显示器，都让观众成为了这个区域的特殊群体。不让打手机，不能欢呼呐喊，鼓掌时有专门的工作人员负责压制节奏。似乎在这里观众是受管制的一群人，但是，为了看到精彩的比赛，为了成全选手们若干年来的不懈努力，为了全身心地感受到真实的比赛气氛，我们应该无条件地服从于工作人员的安排，应该自觉维护场馆内的环境，做一个文明观者。

手枪射击对身体的基本要求

手枪是人都能打响，但决不是人人都能够打好的，射击训练对于一个人的身体基本素质有起码的要求。身体素质越好，手枪训练会越容易。当你平伸两个手时，你会看到自己的手在微微抖动。人的身体素质不一样，手的稳定能力也不同，专业摄影师可以举着相机在快门速度很慢的情况下拍出清晰的照片就在于多年的训练。

手枪射击并不要求人虎背熊腰，但是手臂力量是很重要的。力量强能够给自己提供时间更长的稳定期，以利于扳机运作，这一点在后面涉及有关瞄准的技巧时候将会详细探讨。臂力和胸肌的训练，见效最快的是俯卧撑，我想能连续完成 30 个俯卧撑应当算起码的要求吧。同时握力练习也必不可少。握力器简单轻巧，几乎可以随时随地练习。如果你打算参加射击比赛，持续的耐力将是十分重要的。特别是那种所谓"实战"比赛，要不停地快速跑动。一次比赛一天下来要打十几场（Stage），加上每个场地你都需要通过几次"走台排练"来熟悉，没有很好的体力，别说打枪，恐怕跑都跑不下来。这样你还应当进行 5000 米长跑训练。

如果能够轻松做出 30 个俯卧撑，跑完 5000 米的话，你的身体素质应当说基本达到要求了。

握枪的姿势

握枪姿势是许多初学射击者经常忽视的问题。对于生手来说，每个人都知道射击就是"三点连一线"，如果知道的再多一点的人，还会提到扳机控制，如果一个人能够明白握枪姿势的重要性的话，他恐怕就不是生手了。正确握枪之所以至关重要在于：

1. 确立瞄准的线的稳定。认为瞄准是眼睛指挥调整手臂的方向，这种看法恐怕把人当成了机器。其实瞄准只是给手臂提供一个参照，因为人肌肉有很强的惰性，如果握枪方法不正确，尽管你通过大脑不断调整姿势，枪恐怕还是会不断偏离瞄准线。更何况眼睛瞄准的时候并不能够同时照顾到准星、照门和靶子（这一点后面进行探讨）。握枪姿势正确的时候，指向目标就很容易确立正确的瞄准线。

2. 在紧急情况下完成快速瞄准或者概略瞄准。无论是实战还是参加比赛（除了慢射），时间都是至关重要的，如果你握枪姿势正确，枪举起来就能够指向目标。反之你必须通过眼睛调整，浪费的时间可能将以生命为代价。

美国人评价枪时创造了一个英文词汇：Pointability，说的是拿起枪来，随便指向目标时，瞄准器就能自然对准。其实这是说枪的设计是否更加符合人手生理构造。一般评价说 SigP210、布朗宁 Hi－Power、1911 系列的 Pointability 都很好。其实经过训练，几乎任何高质量手枪都能够有很好的 Pointability，关键就是握枪姿势正确。

你用非握枪手握住枪管部分，把枪把推到握枪手的虎口中心，用手掌找到舒服的适位置，然后握紧。我确立正确握枪姿势的办法是这样：握住枪，垂下双手，处于准备姿势（枪口垂下 40 度），然后迅速举枪指向目标。如果不是基本瞄准目标，说明握枪的姿势和手腕角度不理想。这么反复练习，直到能够举枪便指向目标，而不需调整位置。为了加强实用练习，还可从枪套位置开始，单手出枪，然后双手合起指向目标。大约经过上千次练习之后，就能确立正确的握枪姿势，给瞄准打下良好基础。

关于握枪还有一个极为容易被忽视的地方。请记住这一点：时刻握紧枪把。具体方法是把枪放在手里，用力握紧，直到握枪的手颤抖，然后放松一点，手腕一定要绷紧。这里有三个理由：

（1）枪握紧的时候才能保持击发时的稳定，也就是保持瞄准线不动。

（2）多数人的手神经有一种运动习惯，就是五个手指同时放松，同时抓紧。这样在射击时，如果你枪开始握得不是很紧，食指扣压扳机的那一刹那，你会下意识地连带其余四个手指握紧枪把，一松一紧的过程无形之中破坏了你的瞄准线。如果你枪把已经握得很紧，扣压扳机时便没有活动的余地了。关于扳机控制将在后面详细讨论。

（3）枪把如果握得不紧，在枪猛烈的跳动时，枪把会撞击手指的关节，次数多了很容易造成损伤。握紧枪把看起来是很简单合理的要

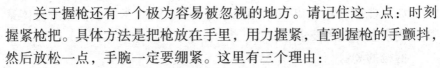

求，但是在实际射击中经常忘记，往往是打着打着，发现弹着点散开了，才想起来。

步枪射击之卧射

1. 跪姿外形。 跪姿姿势可分为六个部分：第一支撑面；第二躯干；第三左腿；第四左臂；第五右臂；第六头部。

（1）支撑面：射手右脚脚面压于沙袋中央。臀部坐在右脚跟上，右脚左右倾斜不得超过*45*度。左脚伸出与右脚尖、右膝构成三角形支撑面，右脚与射向的夹角约为*80*度。

（2）躯干姿势，脊柱成弓形弯曲下塌，使上体的重量主要落在沙袋上。

（3）左腿姿势：左小腿基本垂直，也可稍前或稍后，脚掌内旋与射向约成*40*度夹角。

（4）左臂姿势：皮带调好后，左上臂与前臂的夹角保持在*95*度左右。左肘支点应选择在膝盖的平面或稍右部分。

（5）右臂姿势：射手抵肩、握把后，右臂自然下垂与躯干的夹角约成*35*度。枪托抵肩位置尽量靠里，抵于胸大肌和三角肌之间。抵肩紧，右手握把实，保持人枪结合紧凑，整体性好。

（6）头部姿势：头部稍前倾贴腮瞄准。贴腮用力应正直向下作用于枪托，尽可能保证颈部肌肉自然放松。

2. 跪姿姿势类型。 跪姿姿势根据不同支撑面和不同总重心位置可分成两大类型。

（1）近似等腰三角形支撑面式：这种姿势左腿与右腿之间的夹角约为*60*度，总重心投影位置在支撑面内稍偏左（指身体后背方向）。其优点是上体比较自然舒展。缺点是肌肉紧张度大，姿势的持久性差。

（2）任意三角形支撑面式：这种姿势沙袋与射向之间的夹角约为*45*度，右腿与左腿之间的夹角约为*50*度，总重心投影位置靠近支撑面中央。其优点是上体前倾度较大，人枪结合紧凑，力量易于集中，整个姿势比较自然。缺点是左臂负荷大。这种姿势为国际国内射手普遍采用。

3. 跪姿姿势调整。 根据人体静力学原理，射手如掌握了合理的姿

势结构，跪姿可以获得近似卧姿的稳定性和相应的射弹密集度。

（1）重心调整：先转体后坐下，腰部呈弓形弯曲踏实，双肩正直下沉，但不得过分放松，以免引起躯干右移，导致重心投影位置渐变。

（2）指向调整：当枪支不能正确指向目标时，在保持射手整体姿势动作的前提下，可采取以下调整方法：左脚掌移近移远、移左移右；左肘移至膝盖前部或移至膝盖上；增大或减小左手在肘关节处的屈曲度；改变左手托枪前后的部位；调整沙袋的高低；调整托底板的位置等。

射击准备的内容

射击的准备工作

1. 检查枪支的情况，包括有检查保险是否打开，子弹是否上膛等。

2. 个人的准备有，卧射两脚扒开约60度，两手握住枪，两肘要落地支撑枪支，脸颊贴到枪托上使眼睛、准星（准心和凹槽）和目标成一线，扣动扳机前要屏气凝神（减少晃动），待瞄准就射击。

3. 射击中眼睛的作用。三点一线说的是表尺缺口、准心、目标成一线，与眼睛在哪里无关。眼睛只是用来检查上述三点是否在一条线上。

许海峰说："射击并不需要太好的眼睛，而且视力太好反而有问题，不容易出好成绩。"许海峰继续解释，"从射击的学理上来说，讲究的是三个点，即枪的缺口、准星和靶心，而最重要的是缺口和准星。射击运动员只要能够看清缺口和准星就行了，如果视力太好，把靶心看得太清楚，就容易造成用准星去对靶心，导致缺口和准星偏了，要知道缺口和准星偏1毫米，靶上就会差几十毫米。所以视力太好反而不行。"

射击、射箭器材

1. 飞碟抛靶机。射击运动器材。用以抛射飞碟靶到空中供射击。以弹簧为动力，安装在靶壕或抛靶房内。使用时将碟靶置于抛靶臂上，掀动按钮，弹簧将碟靶弹射至空中。现代化抛靶机由电气控制，能自动装填碟靶。多向抛靶机有声控装置，当射手报"好"声即自动抛射碟靶。自动多向抛靶机还能在每次抛射碟靶后，自动变换抛射方向和高度。

2. 环靶。射击运动比赛用靶的一种。正圆形，环线用无光泽的黑色油墨印在不易伸缩和撕裂的纸上。分为 10 个环，中心为 10 环，是最高成绩。各个项目使用的规格根据射击距离和枪支种类有所不同。300 米步枪环靶直径最大，10 环直径为 100 毫米，50 米步枪环靶 10 环直径为 10.4 毫米，手枪环靶为 50 毫米，10 米气手枪环靶为 11.5 毫米，气步枪环靶最小，10 环直径仅 0.5 毫米。

3. 国际手枪速射靶。原名"手枪人像靶"。是射击运动比赛用靶的一种。规格自 1812 年至 1947 年多次修改，但均为人像。后有国家提出，体育比赛不宜对"人"射击，1973 年国际射击联盟决定修改为"八角长形靶"，并用今名。1989 年改为环靶，全黑色，分六个。

射击运动比赛用靶的一种，专供飞碟射击使用。以沥青、石膏、水泥等原料按一定比例混合加热模压而成。状如碟，直径 110 毫米，厚 25～26 毫米，重 100～110 克。用抛靶机将靶抛射空中，弹丸命中即破碎。根据场地背景，常涂以白、黄、橘红等色彩，使之在飞行时清晰可见。

4. 移动靶。射击运动比赛用靶的一种。分 50 米和 10 米两种。50 米用靶也称"跑猪靶"，靶板用层板、厚纸板或类似材料制成。上贴跑猪靶纸，靶纸面积为 76 厘米×132 厘米，上印单色野猪图像，猪心脏部分印有 10 个计分环，10 环直径为 60 毫米。10 米移动靶原是缩小的野猪靶，1989 年改为现靶，靶纸面积为 26 厘米×15 厘米。一张靶纸上印有两个 1～10 环的环靶，10 环直径 5.5 毫米。两靶圆心相距 14 厘米，中间印有一个直径为 15.5 毫米的瞄准点。移动靶安装在可移动的滑车上，用电动机牵引，左右移动。50 米移动靶无论向左跑或向右跑，猪头均向移动方向。10 米移动靶只有一个瞄准点，向右跑时打左边环靶，向左跑时打右边环靶。

5. 闪光靶。也称"决赛靶"。射击运动比赛用靶的一种，专供飞碟项目决赛时使用。制作时，在碟靶圆顶部填满彩色粉末并封盖，外形同普通碟靶，打碎时，彩色粉末撒飘空中，使比赛更有观赏性。

6. 电子靶。也称"电子靶记分系统"。射击运动比赛用设备。包括电子靶、微机成绩处理系统和电子显示设备。是目前最先进的射击比赛设备，使比赛更直观，成绩处理更公正及时。

7. 弹着观察镜。射击运动器材。为装在固定架上的高倍率单筒望远镜。通过观察镜可清晰看到靶上的弹孔，以便纠正枪支的射弹偏差。

8. 射击服装。射击运动服装。包括射击服、射击裤、射击鞋和手套。射击服、裤较普通衣裤为厚，与枪支和地面接触的部位缝上加固垫，以增加稳定性，防止疲劳和减小后坐力的影响。按规则，步枪射击比赛，衣、裤厚度不得超过 2.5 毫米，在肘、肩、膝盖和臀各部位可缝加固垫，连同服装，其厚度不超过 10 毫米。射击鞋鞋帮的厚度不超过 4 毫米，高度不超过长度的 2/3。手套的双层厚度不超过 12 毫米，长度不超过手腕 5 厘米。手枪、移动靶和飞碟项目，对射击服装无严格限制。

奥运射击馆

北京奥运会射击步枪、手枪共 10 个项目的全部资格赛和决赛将在这里举行。作为比赛的主角，运动员将最直接地感受场馆的优劣给运动成绩带来的影响，而对于以静制动的射击项目而言，对环境的要求更为苛刻。这个场馆采用了先进的建筑理念，对射击运动影响很大的噪声和视觉障碍被化解于无形。

1. 打造视线无障碍 260 米无柱大厅。射击馆资格赛馆的二层、三层观众休息厅东西方向有长达 256.8 米的贯通室内空间。"像这样完全没有'障碍物'的大厅在目前的体育建筑里是最长的。"而按照国家规定，一般长度达到 160 米左右的建筑中间就必须有隔断。

2. 神奇预应力为运动员创造良好环境。射击比赛需要比赛场地面不能有明显震动，否则会影响运动员的临场发挥。以往大多数射击比赛都在一层地面进行，因此，震动对运动员的干扰很小。而北京射击馆采用了并不多见的多层建筑，高层减震就显得尤为重要。

北京射击馆资格赛馆二层比赛区域采用了目前为止国内同类结构中最大跨度的单向预应力空心楼板，厚度为 700 毫米。这一技术不仅成功地实现了大跨度室内无柱比赛场地，还赋予了场馆楼板非常良好的防震动效果。

3. 隔音材料屋外下雨室内无声。噪音是另一个影响射击比赛成绩的不利因素。为了降低噪音，设计师为射击馆作了全方位的隔声设计。为防止长距离声反射引起的回声，给观众提供良好的听觉条件，场馆重点采取隔声、吸声、消声等措施，减少设备噪声对比赛厅可能产生的影响。

4. 首创国内半封闭半开敞全空调比赛空间。第一次看到"半封闭半开敞的全空调比赛空间"这一概念难免有些吃惊，毕竟半开敞的设计实在让人无法将北京射击馆与全空调比赛空间相联系。然而，北京射击馆的设计的确做到了这一点。

射击运动员比赛时所穿的比赛服比较厚重，在夏天比赛，运动员往往要忍受酷热。北京射击馆资格赛馆通过立体化的空间气流组织，在保证与室外直接相通的前提下，实现了室内部分的全空调环境，为运动员发挥成绩创造了良好条件。

特战射击术

手枪的射击方法中，最广为人所知的应是伟佛射击法，此种早期的战场搜寻射击法，由于使用双眼全开、双手持枪待射的全警戒状态，反应时间快，搜寻范围广与第一发射击时间可缩至最短等因素，多年来一直为各级战斗人员所喜爱与采用。而也正因如此，许多你所可能面对的敌人也可能使用同等级数的战斗射击法，因此发展出更快、更准的射击法也一直是许多可能面临身负此种技艺敌人的部队所涉及追求的。而根据统计，正常人可在三分之一到十分之一秒内完成辨识目标，而可在二分之一到五分之一秒内完成射击瞄准预备动作，同时间内便可射出第一发子弹，即所谓的第一反应时间。换句话说，一个全神经紧张的普通人，可能在不到半秒的时间内就可完成其本身的第一反应时间射击，那受过高度专业训练的特战小组成员呢？一般而言，第一反应时间所射出的第一发，其命中率通常在四成以下，而特战部队的要求是快速而精准的消灭敌人。因此为了这个要求，各特战部队在英雄所见略同的情况下，不约而同的发展出极为相近的各种快速且精准的战斗射击法，其中包括了本能射击法、反应射击法与突击射击法。

本能射击法与标准的伟佛射击法相当的相近。一样是以双眼全开的战斗搜寻模式行进，但在行进时，持枪的手腕自然放松垂下，但手臂则以平举或与心脏同高的水平线前伸与视线成一直线，照门则维持于视线水平略下的位置，移动与上下搜寻时，视线、手臂与枪支全都一起移动，而且将枪支与手臂保持于水平线略低的下方。如此的用意有二，一来不会妨碍搜索的视界，二来将枪支置于较下方的位置，则在射击时所可能击中的是身体的部位。较头肩部份来得大，更易击中，即使击中的是非致命性位置，但也可使敌暂时丧失行动或攻击能力，了不起再补上一枪不就得了。使用本能射击法时，枪口平时约以 45 度角下垂，在遭遇情况时，由于人体的肌肉会收缩，会使手腕与手掌部位自然用力，进而抬起枪管呈水平状态，而此时由于手臂仍呈现原先的水平，因此整体的水平射线不会变。而且由于视线与照门一直保持一直线，照门所对着的位置，也将因枪管抬起水平射击而成为弹着点。亦即，若以本能射击法行进时，照门对到了某人左胸前口袋所插的钢笔，而立即举枪射击的话，那射中的可能就是他的心脏，如果是对到了他的眼睛或鼻子的话，那这位大哥在葬礼上的脸色可能就不太好看了。本能射击法的最大好处是在操作过程中，肌肉不会因过分紧张而僵硬，进而影响了身体的灵活性，在未知敌情地区进行长时间搜索时，较不易感到疲累，而在遭遇状况时仍能保持射击的精准与速度。其最大的缺点，使用此种射击法时，手臂的肌力、耐力与稳定性要有相当的火候，否则不易表现出本射击法应有的水准。

反应射击法的源起说法不一，有人说是一位巡佐在一次行动中因受伤倒地而被迫发展出来的，也有另一说法是因为电影的宣传。但笔者则偏向于相信起于牛仔所流行的快速射击，这种原先流行于牛仔间的射击游戏是由参加者手掌向上，平托起一只酒杯，手臂前臂与上大臂呈垂直，参加者以快速收回手臂使酒杯自然落下（不得上抛，否则成积不算）在酒杯落地前，掏枪、瞄准、射击，以命中率及速度作为评分的标准。而由于酒杯落下的速度实在太快，几乎是在掏枪的同时便立即射击了，瞄准的时间几为零，完全依直觉反应来决定开枪的时机与方向、角度。其最大的特色就是在射击时，枪面呈水平，而非一般的垂直状态，只不牛仔们的角度是掌心向上。而现代反应射击大都是掌心向下，这是因为掌心向下持枪时，上节套部分会位于身体内侧，较为接近人类眼睛的自然视线，相对的命中率也会提高。

4. 射击运动技巧

射击的要领
射击名词解释

1. 据枪：俗称举枪，即在射击时举枪指向目标方向的动作。这个动作看似简单，但确是整个射击过程中的第一个环节，据枪不正确，将影响到瞄准和击发。在狩猎过程中，由于经常要射击的是活动目标，因此据枪动作也必须要快、要准确，以争取时间进行瞄准和击发，否则猎物将脱离猎枪的有效射程。

2. 瞄准：霰弹枪没有表尺，瞄准方法也与膛线枪有很大差别。霰弹枪的瞄准可分为见瞄准板瞄准法和不见瞄准板瞄准法。见瞄准板瞄准法，也称瞄准板上瞄准法，瞄准时，适当抬高枪口，使眼睛能看到瞄准板，因为抬高了枪口和准星，瞄准线指向目标下方，所以射击时必须将目标置于准星上方才能命中。这种方法，可以清楚的看到目标，便于在运动中瞄准和射击，但要经过实践逐步掌握枪口抬高的程度。不见瞄准板瞄准法，也称瞄准板下瞄准法，瞄准时，枪口不抬高，眼睛看不到瞄准板，只能看到瞄准板，只能看到准星，射击时，弹道下降，命中点将低于瞄准点。因此，射击时需将目标置于准星下，才能命中，这种方法，适用于固定目标的射击。

3. 击发：击发是瞄准射击的最后一个步骤，击发时，手指要均匀用力，在正确瞄准的瞬间，停止呼吸，加大手指压力，直到似乎在不知不觉间击发为止。

击发时应避免有意识的猛扣板机，那样将因击发用力过猛而使枪支押运，引起瞄准误差，影响射击的准确性。总之，击发时要保持所有的瞄准动作不变，除了手指动外，其他部位都不应有特殊动作。

4. 提前量：在狩猎过程中，我们往往要对活动的猎物进行射击。射击时，只有将瞄准点置于猎物运动方向的前方一定距离，才能命中目标。这个提前的距离就是提前量。提前量的大小，主要决定于目标移动的速度、射击距离、气候条件以及目标移动方向与猎人之间的角度及霰弹的号数等。实际狩猎时，提前量的掌握只能靠积累的经验来掌握。

射击要领——飞靶射击类

1. 姿势。避免肌肉之收紧，而应放松的站立着，至于过分的动作或夸大的射击姿势，只会吸引到新的射击手，对成绩毫无帮助。

2. 平衡。

（1）注意身体保持放松但要灵活，身体紧张往往会造成过急的摆动。

（2）双膝须微弯，重心应平均在双脚上，从臀部起，身体须为向前倾，当然不要做到失去平衡。当飞靶出现时，身体便开始摆动，重心便由一只脚移到另一只脚上，使整个身体平滑摆动，而非只是手臂摆动。

（3）两脚位置须有少许距离，如两脚位置距离太近会较困难保持平衡。但当距离太开，又容易使肌肉紧收，故要以身体能放松、平衡及舒适为原则。

3. 持枪。固定肩颊位置，持枪密合，食指灵活，身躯平稳。

4. 瞄准。配合呼吸，目光的焦点在枪杆上，使"人枪一体"当飞靶飞出时瞄准正确，目标击落，要求最完美的瞄准动作。

5. 扣板机。举枪时食指惯性加压，正直、单独、均衡用力，循靶移动不停、连扣不断、直到击发。

6. 要点。

（1）眼睛焦距，请调整到目标点。

（2）将身体及心情放轻松。

（3）举枪瞄准，身体重心略向前倾。

（4）把口张开，用丹田气报好放。

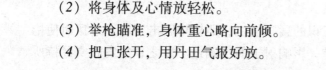

（5）枪枝瞄准点，顺着目标移动。

（6）超前，取适当前置量，扣板机。

枪械射击技巧

很多人都有这种认识：在据枪自然舒适的时候，会产生很强的自信心，射击成绩也相对理想。如果对枪的感觉处于模糊的、无意识的、不恒定的地位，其成绩就不会理想。原因是"枪感不好"。因此，通过有意识的训练来提高射手"枪感"，对于改善其心理素质、提高射击成绩是大有裨益的。那么，通过哪些方法能锻炼和提高"枪感"呢？

加深对手中武器的理性和感性认识

作为一名优秀射手，重要的是熟悉武器的工作原理和工作方式，各部件在发射过程中的运作行程方式以及后坐的产生、大小、方向及对命中的影响等理性知识，以彻底消除对武器的顾虑。在感性认识方面，通过对枪的形状、重心、重量以及后坐的感受，培养对枪细腻的感觉。这些，可以采用一些有效的方法来实现。如射击时我们可以不考虑成绩，在正确据枪的基础上，专心去感觉枪响瞬间枪对身体的撞击，枪口摆动方向以及双手变化等。

采用盲训，提高自身感觉

盲训是一种排除视力参与，喧宾夺主，突出身体感受的一种特殊训练方法。它是射手在正确瞄准下并完成正确据枪的定型和正确击发基础上进行的。目的是通过运用身体感受进行练习，提高身体感受性和动作协调性。可分为"半盲训练"和"全盲训练"。

半盲训练：射手在据枪时和击发前均用视力进行瞄准，仅在击发前瞬间开始排除视力参与，完全依靠肌肉的知觉保持力量完成击发。

全盲训练：首先对目标调整好射击姿势，并据枪、瞄准、击发数枪，以记忆肌肉的运动感觉，然后排除视力参与，凭着肌肉的感受对目标据枪、击发，5～10min 后，再据枪进行检查，看指向是否正确。

重扳机训练

在步枪无依托射击训练中，采用加大了力量和行程的扳机进行训练，这也是培养"枪感"的一种有效方法。由于扳机力大且行程较长，所以扣压扳机时就需要加大力量和增长运程，同时要保持握枪力量的"静"。如此训练一段时间，可以促进肌肉感觉的精确分化。

培养对弹着点的预知能力

优秀的射手，在每发射一发子弹后，基本上能感知弹着点的位置。原因是他们的直觉能够清晰的感受到实际动作与标准动作间细小的差异，并能做出矫正。而对于未臻此境的人则很难做到这一点。

狙击枪射击的基本技巧

瞄准

人有两只眼睛，但是其中一个是主眼，另一个为辅助，信不信由你。平常生活中哪个眼睛为主没有多大关系，然而到射击上关系就大了。当你举枪瞄准时，是否习惯地闭上一只眼睛？闭眼的动作实际上就是你强迫自己举枪手一侧的眼睛成为主眼的行为。射击训练前，你需要发现并且训练自己的主眼。

确定主眼的方法是，你正视一个目标，然后在自己面前垂直伸出一只铅笔，笔尖跟眼睛和目标形成三点一线。这个时候，你闭上一只眼睛，如果铅笔尖还在那一条线上，说明你睁着的眼睛是主眼，如果铅笔尖跑到了一边，说明你闭上的眼睛是主眼。如果你的主眼恰巧跟你持枪的手不在一侧（比如你的主眼是左眼，但是你用右手持枪），你最好让自己的眼睛适应你的持枪方法，或者持枪方法适应你的眼睛

准星

说到瞄准谁都知道三点连一线。然而举起枪的时候会发现，你要连成一条线的三点处在不同的距离，远远超出自己眼睛的景深之外。那么你焦点对在什么地方？无疑照门（缺口）是更加抢眼的，你很容易把目光焦点对在那里。当然你更关心靶子，关心中间那个圆心，所以你更可能注意靶心，恨不得把它击穿。还有更为周全的人，举起枪之后眼睛的焦点就不时在照门准星和靶子中心换来换去，力求面面俱到。

扳机控制

现在我们终于可以讨论本文最为重要的部分——扳机控制了。扳机控制，是射击训练当中最为主要的部分。诚然，良好的瞄准是射击

的基础，但是对于多数人来说，提高射击成绩的最大障碍在于扳机控制。可以毫不夸张地说，学会扳机控制是射击练习的里程碑，学会扳机控制才能够说真正入门。

步枪和手枪射击的技巧与方法

射击方法

1. 射击时要控制好呼吸，最好在射瞄准到射击时不呼吸，当然对于有经验的射手来说也可以选择均匀呼吸。因为呼吸会使枪抖动，影响散布。

2. 充实抵肩，我们中国人身高普遍不高，当一个射手身高低于*1.75* 米时，可能会发生用肩去碰枪托的抵肩的情况发生，这也是一个大问题。正确的方法是什么呢？在发出抵肩的一瞬间，我们的肩膀就要放松，用手把枪托送到肩上，确实抵肩。对于身高比较高的人来说就占便宜了，我们可以不象他们一样把胳膊拉的过直，我们可以有充分的曲臂位置。

3. 准心与照门（后面的）的水平要把握好，就是使准心和照门最上面的两个平面"一"字线对成一个一字线。然后要注意把准心放到照门内侧左右面的中央，就是要使准心的左右两个面和照门壁的距离相等。

4. 人的眼睛需要像照相机一样对焦，瞄准时目标应该是模糊的，准心和照门应该是清楚的。对于初学者来说，开枪的时间不容易控制，太早打自己害怕没准头，其实眼睛适应景物需要一个变清楚的时间看物体大约 *3* 到 *7* 秒时最清楚，应该抓住机会，过了黄金时间后就模糊了。我在这教大家一个方法。在瞄准默数三个"射击""射击""射击"这时候基本就是最佳射击时间了，你可以击发了。

建议你训练时睁着两只眼睛瞄准，而不闭上另一只眼睛。因为两只眼睛瞄准的第一个优点是增加了视界，如果你遇到手枪枪战，视野开阔与否是至关重要的。第二，如果你用两只眼睛瞄准，你的注意力便不会过于集中到靶心，而会着重于瞄准器和整个靶子的关系。这一点在以后有关瞄准的部分再详细探讨。第三，两眼都睁开时你脸上的肌肉会放松，身体也会感到自然。这对你进行长时间的比赛尤为重要。

实际上瞄准时，是眼睛、表尺缺口、准心、目标四个点成一线，这样才能检查出表尺缺口、准心、目标是否在一条线上。当你用右眼瞄准好换左眼时，左眼是在枪的旁边，根本就没在枪管的延长线（即准心、缺口的连线）上，你先要把左眼往右移到缺口、准心的连线上以后，才能进行瞄准这是你会发现缺口、准心、目标仍在一条线上。

当然你不移动眼睛而去移动枪也可以，那就等于是换了一个角度去打目标（目标是圆心，你两次瞄准的瞄准线是两条半径，都指向圆心）

5. 快速瞄准术。我们在快速瞄准时可以先把前面的准心对目标，然后在把后面的照门抬起，很快一个"三点一线"就形成了。这个过程是可以和抵肩同时进行的。同时大家如果想试试站姿瞄准射击时，前腿在前，后腿在后，就是搏击预备姿势。这时前腿承受重量，这样

一来可以减小部分后坐力。当然手枪射击也可以采取这种比较舒服的方法，在加上持枪手微曲臂，另一手握住持枪手，呈大曲臂放松自然垂下态势。但是我们的军用老教材装"酷"单手侧身射击，这样虽然减小了自身着弹面，但是手臂易疲劳，很容易影响成绩，需要大量的掉水壶训练。

6. 预备站姿射击和警戒姿势。大家在影视作品中，看到武警把枪口对天进行警戒，其实这和95式步枪掉水壶一样是老教材中的错误，在新教材中早以改变。正确的预备站姿射击是把枪口朝地，手指在扳机户圈外，这样容易使用上面说的快速瞄准术，而枪口朝上不行。警戒姿势一样，只不过是把枪侧向贴身体。握握把的手在上面，一手在下握护木。

射击技巧

1. 枪面平正。在射击时把靶子下面的"一"线和前面说的准心和照门的水平线比一下，看是否与靶平行。

2. 发现枪面过高过低的处理方法。发现枪面过高向前移，过低向后，枪放右向右移，反之亦然。当然保持身体的舒展对射击精确也有帮助。

3. 有幸使用瞄准镜的一般处理方法，这时你要做的是把距离和风

偏手轮调好。在瞄准时保证不要发生阴影。就是前面的洞眼和后面的洞眼和眼睛不是一条线，后面的镜周围产生月牙形图象。没有月牙，这样一来就说明你的眼放到中间了。这种东西我用的很少。具体大家可以拿望远镜试。但是目标越近，效果越差，因为视角小了。

手枪慢射规律性

关于相对稳定问题的思考与认识

从项目特点看，手枪慢射与步枪（立姿式）和 25 米手枪项目相比，就更难控制其枪支的晃动。这是因为步枪与身体的多处结合，25 米手枪枪管长度瞄准基线少于慢射手枪 15 公分左右的缘故。拿手枪慢射项目与男子立姿射击相比较，同样的距离，手枪慢射靶纸 10 环直径为 5 公分，步枪靶纸 10 环直径为 1 公分。步枪 40 发立射达到 380 环以上可望进入全国比赛 3×40 项目的前八名（卧射和跪射环数还不能太低），平均每组 95 环。而慢射项目 60 发每组平均成绩达到 95 环，总成绩 570 环以上则在全国比赛和国际比赛中不多见。两种枪弹的自然散布要求在 10 环以内，用实际成绩要求与 10 环比例衡量，对慢射手枪持枪的稳定要求要远远地低于步枪立姿的要求，这是项目特点所决定的。所以从事慢射项目的运动员在训练和比赛中，无需过分追求枪支的绝对稳定，而是运用持枪的规律性晃动完成高质量的击发扳机动作，以求达到相对稳定。

建立规律性晃动

在训练中，让射手建立正确的外型姿势动作，握把和据枪手臂的协调用力是持枪规律性晃动重要的物质保证。应从以下几方面着手进行：

1. 掌握平行晃动。平行晃动是规律性晃动形成的基础。一名优秀手枪慢射运动员某一技术动作的形成，是通过长期的专业系统训练，逐步达到持枪的平行晃动，其表现形式呈有规律的左右运行和上下运行。人体左右晃动与前后晃动的大小，是由自身的平衡能力所决定的。枪支左右、上下晃动幅度的大小，决定于相对稳定值的高低。

通过红外光点测试仪进行测试，每 10 次为一组，基本上能观察出不同技术层次的运动员相对稳定水平。

从测试结果可以看出：像顾俊、李怀宁的专业训练均在 10 年以上的运动员，已完全具有了相对的稳定水平。他们的成绩在全国比赛中名列前茅，各队员的相对稳定区域范围大体呈扁椭圆型。

以瞄准区域持续时间分析，虽然不同技术层次的队员，在瞄区所持续的时间相差不大，但与其各自的相对稳定值结合起来，问题就有了明显的反映。

2. 克服角度晃动。初学射手由于训练时间短，持枪稳定性较差，在瞄区内保持平正准星质量低，这是角度晃动的原因。如果这种现象出现在台发前 0.5 秒，不管其差异有多大，都会直接影响到子弹命中靶纸上的环数，就是一名高级射手也不能百分比地保证击发前不出现此现象，有数据可以分析出击发前保持平行晃动的重要性。

假如射击位置正确，枪口指向位置正确。角度变化是在击发前 0.5 秒时出现，弹头出枪口前的变化量在 0.5 毫米时，其弹着的位置在 8 环上。

角度

无论是军队还是警队的狙击任务中，狙击小队选择的射击位置大多会是制高点，目的是为了取得更远、更清晰的视野和射击角度，以便掌握及应付周边环境的变化。但是，这种战术会带出一个问题，就是高低角（俯仰角）射击误差。

现在先说说高低角和地心吸力对子弹弹道的关系。当射手进行水平射击（高低角为 0），在弹道最高点的时候，地心吸力刚好与子弹的前进方向形成 90 度角，就算子弹非处于最高点，地心吸力的角度也接近 90 度，这时地心吸力对子弹的作用力是最大，亦即代表子弹的降落量也是最大的。（若对外弹道有一定的认识，就必定会发觉地心吸力作用和风偏角度作用的相同之处。）

在仰角射击时，子弹前进角度改变，但地心吸力维持垂直向下，导致地心吸力分解成两个分力。分力 1 与子弹的前进方向刚好相反，因此分力 1 的主要影响是减慢子弹前进速度，对降落量影响很小。而分力 2 和子弹的前进方向形成 90 度角，但因为分力 1 是作用力的一部分，因此分力 2 对子弹的降落量影响较水平角度射击时小。（分力 1 与分力 2 的作用力比例是取决于射击角度的大小而定。）

在俯角射击时，分力 2 与子弹前进的方向一致，因此分力 2 的主要作用是增加子弹前进速度，对降落量影响很小。而分力 1 和子弹的前进方向形成 90 度角，但因为分力 2 是作用力的一部分，因此分力 1 对子弹的降落量影响较水平角度射击时小。

由此可见，在进行高低角射击的时候，弹道会比水平射击时的弹道更直，若然射手把水平角度射击时的参数来调镜的话，弹著点必然会偏高。现在说说一些修正的方法。

在美国民间流传着一套高低角射击的谬论，名为 Cosine - Range，内容大致上是这样：在进行高低角射击时，只需要利用三角学的馀弦公式计出与目标的水平距离，再利用这个距离的参数调镜，就能准确击中目标。其实这是一个极大的错误！

本人经过了多番查证后，证实了 Mike Brown 的说法是正确的。现在我开始说说正确的修正方法。

其实修正高低角射击误差的方法很简单，第一步是先测出与目标的夹角度数及斜距离，接着再看看这个距离的修正参数，最后把这个夹角的余弦对数乘以修正参数即可，俯角或仰角的计算方式相同。这种方法名为 Cosine - Drop，又可称为 Cosine - Path。虽然这种方法不能够做到零误差，但如果夹角不超过 45 度，即使在 1000 米的距离下瞄准胸口，也能命中头部或颈部等要害。

有些先进的狙击步枪带有综合火控系统，它可以根据目标及环境来自动进行校准，人就直接瞄就行。

普通狙击步枪的瞄准镜上有调节风偏的旋钮，不过风速要自己测。一般的聚集小组是两个人，观测员负责这些工作。

射击移动目标的提前量要把握好，有经验的狙击手可以很快地找好提前量。当然有公式计算，不过很慢，原理就是按照你的子弹的飞行速度算出飞到目标所在距离的时间，再看目标移动速度，目标速度乘以子弹飞行时间就是提前量在目标距离上的大小，再根据距离确定枪身应该偏转的角度就行了。一般情况下提前量是由狙击手自己估算掌握的。还要考虑枪弹自由落体，瞄准镜上都有相应的距离刻度，只要你确定距离后使用相应的刻度就行。

飞碟的射击技术

"以看带动"技术

"以看带动"即是以看靶带动作的打靶方法。其原理是视觉——神经中枢——动觉的一套应答反应动作方式。"看靶"主要是"守住靶区",把碟靶飞行时留下的视觉表象作为动作的依据，采取看靶盯着靶走的方法。采用这种看靶方法，碟靶随时都在射手视线范围内，否则，视线范围小，会容易造成动作紧而打出"逐渐平"（运枪过程中逐渐平而不是原地接平动作）。

"原地接平运枪扣"技术

"原地接平运枪扣"是我们根据场地设施，枪弹器材，运动员自身的基本条件和碟靶飞行等特点，在训练比赛的实践中反复摸索出的一套看好靶后至击发的完整技术动作。原地——枪口指向的位置；接平——即平枪，就是瞄准板与准星成水平状态；运枪——碟靶飞出后，身体动作以及枪随碟靶飞行而运行；扣——台发。其基本技术动作特点是，在一般姿势动作要领的基础上，（一般采取的姿势动作要领是：上体保持正直，两上立自然分开，约与肩同宽，可左脚稍前，两腿自然微屈，身体重心落于两脚中央，左手握枪的下护木，托住枪，约与肩同高，右手握枪颈，提于腰间，两眼目视靶区。动作完毕后"报好"，当发现碟靶飞行时，迅速射击碟靶。）上身姿势自然正直放松，手不带方向力量，左手托枪力量起综合作用，以使枪达到迅速上肩到位的效果，在守住靶区碟靶飞出时，迅速起枪要先原地平枪，及早完成平枪过程，到位后及时转动腰部与靶子速度相吻合。使得人枪结合牢固，对变化异常的碟靶射击也能随心所欲，准确率高。简言之，传统的方法是看靶、运枪、击发，我们的打法则是看靶、起枪、按平、运枪、扣。

原地接平的技术动作关键突出上肩早、动作快、时间短、到位意识强。接平早形成瞄准基线后，到位随即腰部转动，运枪的力量在身体（与枪结合成一体）而不是只用手带（推）着抢走，上肩到位不能退顿，否则会造成碟靶飞出逼近枪口，难以完成原地接平动作而造成接不平，枪口朝天，腰部使不了劲和移动了身体重心等毛病。只要敢于大胆地做"原地接平运枪扣"的动作，即使到位动作有点误差也可以在运枪过程中作调整，既争取了时间，可靠性又好，成功率高。还有一个更为重要的环节是要保持身体重心不变，腰部转动才使得上劲，这对解决3、4、5号难度大的靶位很有帮助。

狙击技术及技巧

装备与训练

在谈狙击手的相关资料之前，我们需先对其装备有一番基本认识。

由于各国部队与各级特战单位对狙击任务的要求不同，狙击手的装备各不相同，但伪装服、狙击枪（含狙击镜）、测距观测镜、手枪、刀子、地图、指北针、基本维生装备是绝不可少的。其他如无线电、卫星通讯仪器、星光夜视镜或前视红外（FLIR）、雷射测距仪、全球卫星定位系统（GPS）等。而其他步兵所配发的野外战斗/求生用装备，则依任务及个人喜好选用，以上指的都是公发的制式装备。

在个人装备上，为了长时期潜伏与维持静止姿势，大部分的狙击手们都使用水袋与吸管，而舍去传统水不用。

基于同样的理由，标准的口粮亦不符需求。在出任务期间，狙击手通常会以高能浓缩口粮作为食物及热量来源，这种特别设计的口粮，可将一个人一个礼拜的热量所需，缩减到只有半个便当盒大小，其中蛋白质与卡路里含量极高，并添加了多种维生素与其他营养成分。其外观及口感与凤梨酥差不多，只是忘了加糖与凤梨馅，吃起来跟啃肥皂差不多，真是难吃，但真的很有挡头，一公分立方的口粮，可以让人在18小时内无丝毫饥饿感，其间包括6个小时全副武装的战斗训练课程，其体力消耗可想而知。

而服装与脚下的鞋子也需长期穿戴，必须考量防潮、保暖与舒适性，以及最重要的在各种恶劣环境下的适用性，而这也是所有狙击用装备的共通考量。

狙击手的养成相当不易，其间包括了各个不同阶段的训练科目，包括了基本的装备操作使用、各种静/动态射击训练、野外观察与行迹追踪、野外求生、地图判读、情报收集与分析解读、野外阵地的架设与伪装、进入/渗透与撤离路线安排、诡雷架设与反爆拆除、作战计划拟定与通讯协定等等近20项科目，而其彼此间的关连与互动亦需面面顾及，最重要的，现场的临场判断能力必须准确。

关于狙击的误区

很多人都以为狙击手只要枪射得准就够了，60年前这句话并没什么错，但在今日射击训练内容复杂的程度可能会让人大吃一惊。枪支的弹道会因膛线、地心引力及风的影响而使弹着点产生误差，因此步枪的表尺和照门是可调节的以修正这些误差。光学狙击镜的倍率和镜片质量也会产生射击差，可转换倍率狙击镜更使这个问题雪上加霜，温差及光学偏折现象也能造成相关问题，因此狙击手必须在各种不同的天气、温度、日夜环境下进行不同高度、距离的射击训练并详实纪录在枪械射击纪录卡上，以帮助了解枪械的性能与误差所在加以修正，直到可以接受的范围。第一阶段的射击训练才能告一段落。但枪支仍要时时射击并继续记录、修正。当手上的枪能随心所欲的射中静态目标后射击动态目标是第二个进度。动态目标的移动速率会因行走、跑步或所搭乘交通工具而有所不同，而依目标与狙击手间的距离、风速所取的前置量也有所不同。事实上瞄准部位不同前置量也会不同，狙击训练则会建议在何种距离的何种移动速度下瞄准目标的哪个部位作为参考点最佳，再拉开距离与移动速率，推算最恰当的前置量，这是动态射击的第一步——前置量。

动态射击的第二步是射击时机，由于目标一直处于移动状态，前置量也可能因其停止或加速而改变，甚至丧失了射击时机，何时射击？当经过一段时间的练习与教官经验传授后练习生都会对射击时机有了进一步的了解与体会，而动态射击的第二步的前半段也算完成，但后半阶段才是重点，那就是枪支与弹药的选配。现代的狙击手除了传统的人员狙杀外非硬性目标的破坏也列入狙击任务内容，包含车辆的破坏、直升机、轻型装甲车、通讯设备与油槽、水塔等具战略意义的目标，此时枪支弹种的选择就明显重要了，事前的情报收集与前置准备则更是不可忽略。

有几个误区是需要说一说的。

误区一：连续射击速度快

有人认为，半自动狙击步枪可以连续射击，射速比旋转后拉枪机狙击步枪快。

这是最常见的误区。事实上，半自动狙击步枪的战斗射速并不比旋转后拉枪机狙击步枪快，原因有两个：

1. 枪管的热偏问题，就是因为枪管温度的升高所造成的弹道偏差问题。先看狙击步枪对枪管的要求：重型枪管、悬浮枪管。这两个条件为的是让枪管在射击的时候"章动效应"的一致性。枪管的"章动效应"指的是枪管发射的时候所做的类似听力音叉振动的摆动。枪管发射后，温度升高，枪管的物理性质就有所改变，枪管的"章动"就不能保证一致，子弹的弹道就会产生偏差。所以，狙击步枪的说明书上面都规定有战斗射速的，只有在低于这个射速的情况下才能保证射击精度。半自动狙击步枪的战斗射速明显不会高于旋转后拉枪机步枪。

2. 目标的锁定问题，这个问题针对的是装备高倍数瞄具狙击远程目标的狙击步枪的。要知道目标距离是步枪长度的数百倍甚至上千倍，由于发射时后坐力的影响，枪口哪怕跳起 1 厘米，瞄准基线也会偏离目标数米。所以，很多时候，第一射手并不知道自己是否命中目标，需要由第二射手确定并补枪。对于 4 倍以上的高倍数瞄准镜，需要先用低倍镜锁定，再用高倍数镜精确瞄准。一来，因为高倍镜视场窄，很难搜索到目标，而低倍镜市场阔，容易搜索到目标。二来，先用低倍镜瞄准能够检查高倍镜的盲区内的弹道是否有障碍物。

误区二：枪声会暴露目标

有人认为，枪声会暴露射手位置和狙击步枪不需要消声器。

枪声会暴露射手位置，咋一看好像很合理。事实上并不是这样，暴露射手位置的最大原因是枪口扬尘和远距离的抛壳。有经验的狙击手在选择射击阵地的时候，会留意周围的声场环境。利用声音反射混响隐藏自己。这种情况在城市环境中最为突出，在四周高楼林立的广场，枪声通过重重反射，广场上的人根本不能通过声音确定声源的位置。在野外，狙击手会计算声音通过山壁，大石等周围环境能反射到目标处的混音时间选择射击阵地。

误区三：瞄准镜能提高狙击枪的精度

这是一个概念性的错误。狙击枪的精度指的是弹着点散布的大小，跟瞄准镜毫无关系。瞄准镜的作用只是帮助狙击手瞄准目标，对枪械本身没有任何影响。AR15 系列加瞄准镜能改成狙是因为 AR15 本身的结构就是高精度步枪，AK 加瞄准镜还是成不了狙的。

误区四：修改膛线能够提高狙击步枪精度

有人认为，修改膛线能够提高狙击步枪精度，还说狙击手应该把弹头改成达姆弹。

这论调非常泛滥，也是属于无知扯谈一类。由误区四的说明看出，膛线受到弹头形状影响，胡乱改变弹头形状，会影响射击精度，打不中的子弹威力再大也是没有用的。另外，割裂的弹头，因为破坏了整体强度，会损伤膛线甚至造成炸膛。

射程计算的方法和技巧

很多人都有一个错误的观念，就是狙击手只要把目标放到瞄准镜的十字中心扣动扳机便能轻松命中目标，这是一个大错特错的观念。我们知道子弹打出去以后的轨迹是成抛物线的，手枪弹在 15 米就会产生肉眼可分辨的微差，步枪大约在 70 米左右，所以根据距离的远近子弹是有可能会落在十字垂直线上的任何一点，瞄准具并不是向导器而只是参考器，一个狙击手要准确地击中目标就必须要准确估计目标的距离。虽然狙击手会配备超声波或激光测距仪但仍然要掌握最基本的估计技巧以防万一。

一百米单位测量法

这是一个很容易的方法，首先你要了解一百米的距离究竟是多少，如果有一段不知的距离你只要计算一下那处可以放下多少个一百米便可以知道大概距离了。要注意如果地形是向上的话会使你产生远一点的幻觉，如果地形是向下的便会产生近一点的幻觉，一百米单位测量法的缺点是你只可以在比较平坦的地形上才会得到比较准确的测量。这对于测量长距离尤为重要，如果目标出现在一百米或一百米外而狙击手只能看到与目标间地形的一部分，一百米单位测量法在此情况下便不能做准了。

目标外观测量法

这方法利用目标的真实大小及特征去测量与目标的距离。例如一个驾驶摩托车的人，他并不需要知道他与前车的真实距离便可以安全的从一个充足的位置超过它了，假设摩托车手知道一公里有多长，迎面而来有一辆车3公分高4公分宽，两前车灯相距3公分，当他下次再见到相同尺寸车的时候他便知道他与那车的距离是一公里，此方法也可以被狙击手采用测定距离，在已知的距离下留意一些人或物体就可以在一段不知的距离下依靠比较其尺寸及特征来测定距离了。使用目标外观测量法的时候狙击手必须非常清楚物体在不同距离下的大小及特征。例如狙击手记下一个人站于一百米距离外的大小，然后在相同的距离再记下那人半跪和蹲下的大小，这样从一百米到五百米重复观察，狙击手便自然会建立起一套距离观测的技巧了，狙击手也同时有需要以其他的物件或车辆作为练习。

一百米与目标外测量法的混合应用

在良好的环境下不论是一百米单位测量法或目标外观测量法都是可行的，但在战场上良好的环境可谓是绝无仅有。所以狙击手需要将此两个方法混合使用。地形会限制一百米单位测量法而能见度也会影响目标外观测量，例如狙击手不能清楚看见与目标之间的地形，但他有足够的能见度去估计距离。即使目标看来很模糊但仍然可以与其外表的大小来测定距离，所以只需要将此两种方法混合使用，一个有经验的狙击手是可得到90%的准确性的。

距离计算公式

此方法需要配有毫米刻度的瞄准镜或望远镜观察，利用目标在刻度上的高度从而计算出与目标的距离，计算方程式如下：

目标的真实大小（米）×1000/目标在刻度上的大小（毫米）=目标的距离。

影响估计距离的因素

1. 目标的本质。拥有规则外表的物体比起拥有不规则外表的物体看起来会比较近，目标与其背景的对比度大。如果只能看见目标的一部分，看起来也会觉得远一点。

2. 地形的本质。如果在起伏不定的地形上观看狙击手很容易因视觉错误而觉得目标会远一些，所以在可能的情况下尽量在比较平坦的地形观察

3. 光暗的影响。目标越看得清楚就会变得越近，在充足的阳光下观看目标总会比起在黄昏、大雾或下雨看起来近，如果太阳在目标之后就会觉得远了。估计距离的技巧严重影响你射击的准确性，紧记，如果你不能确定你的目标有多远，你最好还是放弃任务别射击了。

选择最佳狙击位置

一位公认的前苏联超级狙击手瓦西里曾经讲过："狙击手在战场上的任务就是发现而不被看见，杀而不被杀。"怎样能做到看见而不被发现，杀而不被杀呢？关键是狙击手要懂得如何选择一个良好的狙击位置与隐藏自己。

选择位置

当狙击手确定了需要进行任务的范围后就需要立即选择一个有利地点进行任务。但不要忘记一个对于狙击手看来是理想的观察地点也将会是敌人同样认为的一个好地方，所以狙击手必须避免选择一些显眼的地方及远离一些惹人注意和容易分辨的物体及地形，在考虑选择狙击位置的时候应以下两者的平衡作决定：

1. 它为进行射击及观察提供最优良的效果。

2. 它为防止敌人的发现提供最优良的隐蔽效果。

流动狙击位置

基于大部分狙击任务的有限条件狙击手很多时候都需要伏地射击，所以狙击手大部分时间都会利用一个流动狙击位置。使用天然掩护和伪装狙击手便可以在任何地形俯伏观察和射击，在使用流动狙击位置的时候狙击手或狙击队需要尽自己的能力及身边所有资源去融入背景和地形，并经常需要利用有阴影的地方，使用合适的伪装技术于使用流动狙击位置去射击及观察的时候便可以有效地避免被敌人察觉。当流动狙击位置无可避免的需要设在一个开阔的环境，那便需要极度小心使用地形，例如矮树和凹下去的位置去隐藏，使用伪装网也可以减低被发现的机会。

狙击位置的安全性

就算有了一个良好的狙击位置也并非代表狙击手百分百处于安全，狙击手仍然需要保持警觉，以及谨记以下能影响自身安全的要点：

1. 当情况允许的时候选择及设立一个观察与射击均可的狙击位置，因为就算小小的移动也可能给敌人察觉，纵使在晚间也要防备敌人配有夜视装备，而且任何声音在晚间都特别明显。

2. 狙击手要留意自己的位置是否处于一个颜色及地形对比度大的位置上，因为这些地方有任何改变都是非常惹人注目的。

3. 当选择狙击位置的时候应首先考虑那些敌人不经常巡逻出没的地方。

4. 狙击位置应设于对目标的有效射程内而不是最远射程内，而且射程内尽量避免物体阻碍视线。

5. 应当尽量设立一个可以有效覆盖整个范围的狙击位置。

6. 狙击手应时常假设狙击位置是在敌人的监视下，当移动到狙击位置的途中应行经有最多掩护的地方并为自己的身体加上伪装。

7. 避免制造声音。

8. 避免不必要的动作。

9. 避免天空作为狙击位置的背景。

10. 小心望远镜或瞄准镜的镜片会反射阳光。

11. 在建筑物内进行观察应躲在阴影内。

12. 进出狙击位置的时候应该应把来所留下的脚印和记号消除。

手枪的射击法中，最广为人所知的应是伟佛射击法，此种早期的战场搜寻射击法，由於使用双眼全开、双手持枪待射的全警戒状态，反应时间快，搜寻范围广与第一发射击时间可缩至最短等因素，多年来一直为各级战斗人员所喜爱与采用，而也正因如此，许多你所可能面对的敌人也可能使用同等级数的战斗射击法，因此发展出更快、更准的射击法也一直是许多可能面临身负此种技艺敌人的部队所汲汲於追求的，而根据统计，正常人可在叁分之一到十分之一秒内完成辨识目标，而可在二分之一到五分之秒内完成射击瞄准预备动作，同时间内便可射出第一发子弹，即所谓的第一反应时间。

当这种能力和快速准确瞄准本能自动变成一个特定枪，另一枪使用不同的重量、平衡、不同瞄准安排会造成一些麻烦猎人快镜头。通常，如果表尺是相同的两支枪，这放缓将微不足道。但如果是表尺高于或低于它的枪是猎人习惯，以提高或降低眼睛位置符合他的目光枪。这导致了相当的放缓，可以就一些重要的镜头，需要驳二时机。

这一放缓尤为明显变化时，一名男子从一开目光高登望远镜目光。另外，当改变面颊位置以达到更高目镜，有一时的局部 obscurement 由于周边的视野看靶纸和眼睛之间。还有一种倾向倾斜枪杆子为了使接近眼睛水平视线。摆式任何立场可以发现过头发的景象，是自动调节的射手。

在完成地点的选择与伪装布置完成，最入阵地开始进行观察前的最后一个动作，便是在周遭撒上催泪瓦斯粉，以防止野生动物的接近，但导致暴露阵地位置或对狙击手造成伤害，导致任务无法完成。当然前面提到的野外求生、野外观察与行迹追踪、地图判读、情报收集与分析解读、进行渗透与撤离路线安排、诡雷架设与反爆拆除、作战计划拟定与通讯协定等技术，亦是狙击手养成过程中不可或缺的专业技能。

狙击观察技巧

在军事的狙击任务中绝大部分是在野外的军营或基地所进行，而现代化部队军事专业素质极高，如何有效地侦察敌情是每位军人都应该了解的，狙击手亦然，只不过由于任务性质的特殊狙击手对于敌情的收集有其特殊模式。

观察技巧

狙击手需要消除某特定的目标以支援其他部队执行的任务，"特定的目标"暗示了狙击手在一群目标中需要特别专注一个，在观察过程中狙击手并不会随便向第一个看见的目标开火，而是需要看清楚其他的目标才会做出决定的。

狙击手除了要负责狙击的工作外还需要随时预备执行其他工作，其中一项最重要的就是监视敌人及其活动了。

1. 观察的能力。

（1）夜间视觉。不论在有没有月光的情况下或晚间的环境有多黑，人的眼睛根本无法保持与白天一样良好的视觉，狙击手必须使用以下方法才能在夜间发挥最大的夜视能力。

（2）黑暗的适应力。眼睛需要 10 分钟才能完全适应由光到暗或由暗到光的转变，在此同时因为瞳孔慢慢放大而使眼睛变得不可靠，所以当狙击手需要在夜间出动执行任务的时候建议在基地出动前佩戴红色眼镜让眼睛适应光暗环境。

（3）不集中视觉与直接视觉。不集中视觉是指眼睛中心以外的范围去看而不直视某一目标，一件物体在暗淡的光线下会比较模糊及变形，看起来会与平时的不一样，如果在眼睛的中心 6～10 度外斜看一件物件，不集中视觉会使物件形成一个比较清楚的影像。

2. 影响夜间视觉的因素。

（1）缺乏维他命 A 会影响夜间的视觉，但大量服用维他命 A 也不会显著提高夜间视觉能力。

（2）感到寒冷、头痛、疲倦、吸烟太多及饮用酒精类饮品会降低夜间视觉能力。

（3）环境的光暗部分对比很大。

3. 昏暗的环境。当黄昏及黎明的时候光线的转变会使眼睛也做出调整。在这个情况下狙击手必须留意自己的安全，同一原则，敌人在这个情况下也时常会不小心的暴露于狙击手面前。瞄准镜内的十字线会在日出前一个半小时内开始看得清楚，在日落后一个半小时内开始消失。

4. 辅助光线。在偶然之下狙击手有可能获得一些人为的光线以辅助观察及射击。

5. 辅助工具。

（1）望远镜。

（2）微光瞄准镜。

（3）星光夜视仪。

在观察点的选择上，除了考虑对目标区的监看方便外，其本身的隐密性、周遭条件的配合性（例如水源的取得与进出路线的安排）、与降落区的距离、距离主要道路的位置、下雨时阵地是否仍能保持干燥、会不会积水、天气炎热时能否保持凉爽、以及最重要的是对任务完成的助益多少，亦需注意。

不破坏周遭环境、尽量与环境融为一体，是伪装的最高指导原则。能不使用人工的物体就尽量不要用，尽量使用天然的树枝、草叶、植被与岩块，最好是利用天然的涵洞、岩缝，空心树干与树根空间等位置。

狙击手

一个狙击手其本身必须是一级射手或特级射手。狙击手必需精确的操作特殊武器进行狙击任务。狙击手必需是受过完整战斗技能训练的士兵。任何规范不完整的教条或不被一般世俗所接受的观念，不得被使用于狙击手的训练中。任何指挥官都不能在未确定或尚在准备中的情况下，派遣狙击手进行任务。但不幸的，MTU 计划生命并不长，主要是因美国陆军对狙击手的发展与潜力都不了解，而不愿投资于其上，其次是 M14 步枪的问世与服役。军方高层认为，如此设计完美、坚固实在又射击精准的枪械足以应付所有的情况，而不愿再发展任何狙击用兵器与装备，并进一步的取消了所有狙击手的训练与发展计划，美军的狙击发展到此归零。到了越战期间，中共训练与支持狙击手不但对美军指挥官造成可观的伤亡，更对部队士气造成了无法估计的打击。美国陆军于是开始重新考虑狙击手对于小型部队战术与整体局势所可能产生的影响，并开始研议各阶层指挥官调度狙击任务的权限与时机，狙击手学校再度开张，并于 *1983* 年在格林纳达的 UrgentFury 行动中首度展现威力。时至今日，至少在游骑兵部队编制中，狙击手已是常态性的编制了（虽然已经落后其敌人与盟友将近 *20* 年，特别是以色列）。在多次的中东会战中，虽然以色列最后都是胜方，但以色列人自己很清楚，战局只要再拖延几分钟，情势便可能改观，因此以色列人一直未曾中断地开发更有效率的技术来保卫自己的家园。不过，主要承用美系装备的以军，并不若美军那般拥有丰富的资源来进行作战。而自行开发战术、配合装备开创新战果，向来是以军的专长，其中亦包括了狙击作战。但讽刺的是，以军的狙击作战却是由美国人所开发的，这位 Kramer 是一位美军特战部队退伍少校，退伍后以佣兵身份继续军旅生涯，并以顾问的身份协助以色列建立开发一套完整的狙击手与狙击接战、支援、猎杀准则。

狙击手的目标不仅仅只是杀伤对方的人员，实际上他们往往可以起到普通步兵无法达到的战术作用。例如狙击手可以通过对坦克成员、油箱、潜望镜和通讯设备的射击使其丧失战斗力，可以通过毁伤关键设备来迟滞敌方基地的作战行动等。另外，类似于弹药库、油料库、指挥部等薄弱环节也非常容易成为狙击手的高价值战术目标。

作为德国国防军在二战中狙击手射杀记录第一名的马蒂亚斯·海岑诺尔，他的记录为 345 次猎杀。他曾经表示，衡量一个狙击手的成功之处不在于他射杀了多少人，而在于他能对敌人造成如何的影响。狙击手如果能击毙敌军军官，往往能够挫败敌人的进攻。二战中，苏军充分认识到狙击手的战术价值并加以推广。在斯大林格勒战役中，苏军狙击手使德军部队产生了很大的恐惧心理，对于打击德军的士气起到了重要的作用。据统计，二战时平均每杀死一名士兵需要 2.5 万发子弹。越战时平均每杀死一名士兵需 20 万发子弹，然而同时期的一名狙击手却平均只需 1.3 发。

狙击手并不仅仅只能影响某一场战争的发展，有时还可能改变历史的进程。在北美独立战争中，英国军队中的帕特里克·弗格森上校倡议建立和发展的狙击手们被大陆军称为英国殖民军中最危险的部队。弗格森本人也是一位著名的狙击手，然而使他扬名的却是他那著名的"未开的一枪"。在宾夕法尼亚州的日耳曼城附近，当时弗格森在 125 码距离上瞄准了一名美军军官，由于这名军官转身离去，弗格森可能是因为绅士风度而没有向他后背开枪。他本来可以改变整个历史，因为被他瞄准的这个人正是领导美国独立的乔治·华盛顿。具有讽刺意味的是，弗格森本人却在 1780 年 10 月被大陆军的肯塔基步枪手在 450 码距离上打死，他的部队投降后，英军将领康华利将军被迫放弃了对北卡罗来纳州的进攻。与此相反的是，1777 年 10 月 7 日，北美大陆军肯塔基步枪队中的一名狙击手墨菲在萨拉托加战役中击毙了率队侦察的英军将领西蒙·弗雷瑟将军。弗雷瑟的死直接影响了战局，导致英军将领约翰·伯格因的突围计划破产，萨拉托加战役由此成为北美独立战争的转折点。从某种意义上来说，狙击手墨菲射出了也许是人类历史上最有分量的一颗子弹。

第八章

自行车运动的竞赛与裁判

1. 自行车运动概述

中国自行车运动发展

我国自行车运动的历史比较短,解放前只是作为少数人娱乐和代步工具,没有举行过大型比赛。大约在十九世纪末,自行车由外国传教士带入我国。1931 年 7 月,国民党政府教育部把自行车运动列为中学体育课的野外活动项目。1936 年 2 月又列为大学体育教材大纲十二类之一。直到 1936 年,旧中国第六届运动会时,才在田径进行了第一次自行车表演。新中国成立后,在中国共产党和人民政府的关怀下,自行车运动得到蓬勃发展。

新中国成立以来,我国在国际间,进行了大量的自行车运动的交往。

1952 年中国人民解放军第一届运动会把自行车列为比赛项目,这是我国第一次正式的自行车比赛。田径场 15000 米由现任解放军自行车队教练孙世海同志以 27 分 32 秒 7 的成绩取得了冠军。此后,1953 年 5 月 25 日～5 月 28 日在长春举行了第一次全国公路自行车锦标赛,有 27 个代表队的 226 名运动员参加。其中,男运动员 103 名,女运动员 123 名。比赛项目有:男子 50 公里团体赛和 100 公里个人赛;女子 25 公里团体赛和 50 公里个人赛。此次比赛,解放军代表队囊括全部冠军,成绩是,男子 50 公里团体赛 4 小时零 59 秒 1 (三人成绩总和),100 公里个人赛 2 小时 55 分 18 秒 8,女子 25 公里团体赛 2 小时 15 分 21 秒 8 (三人成绩总和),50 公里个人赛 1 小时 30 分 58 秒 4。他们成为开创我国男子、女子公路自行车竞赛的先行者。

1957 年我国首次派出由领队俞浴云,男运动员孙世海、钱怀玉、单长春和孙文生,女运动员崔淑芳、张振桂、李凤琴和曲淑英组成的中国自行车代表队,访问了蒙古人民共和国。参加了男子 50 公里团体和 100 公里个人、女子 25 公里团体和 50 公里个人等四个项目的比赛。中国队获得了男、女两项团体金牌和女子 50 公里个人冠军,蒙古队获得男子 100 公里个人赛第一。1960 年在北京和长春，我国自行车代表队迎战了蒙古人民共和国和德意志民主共和国自行车代表队，德国男队获得五项冠军，我女队取得了三项冠军。1963 年在印度尼西亚举行第一届新兴力量运动会，参加自行车比赛的有法国、波兰、朝鲜、中国等十四个国家。我国男、女自行车队第一次参加这样的国际大型运动会。比赛项目：男子 100 公里团体赛，160 公里、180 公里个人赛，女子 20 公里、45 公里个人赛。我男队取得 100 公里团体赛第三名，160 公里个人赛第六名，山西女运动员柳丽春力战群英赢得 20 公里冠军，吉林女运动员宋喜云、李月顺、全明淑，解放军选手张振桂，山西柳丽春五人夺得了 45 公里个人赛的前五名。1964 年和 1966 年，我国先后派出优秀选手访问了蒙古人民共和国和阿尔巴尼亚，并参加了第一届亚洲新兴力量运动会，获得赛车场男子 2 公里计时赛、4 公里追逐赛、4 公里团体赛和女子 1 公里、3 公里计时赛等五项冠军。这为增强新兴力量的团结和各国人民的友谊做出了贡献，为祖国、为人民争得了荣誉。

1978 年我国先后参加了世界大学生运动会、第八届亚洲运动会和亚洲锦标赛等一系列国际比赛。同年 8 月，国际自行车联合会正式接纳我国为国际业余自行车联合会会员国，我国自行车运动正式走向世界车坛。1980 年我国派出第一支女子自行车，参加了在法国举行的世界女子自行车锦标赛。这是我国自行车队第一次参加这样大型的比赛，使我们开阔了眼界，学习了经验。

1982 年在世界自行车锦标赛中，江苏选手周柞慧取得了女子争先赛第六名，这是我国自行车运动员第一次在国际自行车坛崭露头角。

1983 年我国自行车队又派出了实力较强的队伍参加世界大学生运动会，在女子争先赛中北京的杨桂铃和周柞慧共同努力，奋战群雄，分别争得第三、四名。上海选手吕玉娥也取得一公里赛的第五名。充分显示了我国自行车运动的潜在实力。

当前，各国都特别重视科学训练，广泛地从生理、生化、运动力学、运动医学、遗传学等角度，研究解决训练课中的大量问题。因而，国际自行车运动技术水平提高很快。我们每个教练员和运动员都要在党的十二大精神鼓舞下，再接再厉，团结一致，奋发图强，加强体育科学研究，搞好科学技术训练，全面开创自行车运动的新局面，力争在不长的时间内冲出亚洲、走向世界，为我国的社会主义物质文明、精神文明建设做出贡献，为赢得中华民族的荣誉做出贡献。

随着国民经济的发展，体育运动设施日益完善。1959 年在北京建成了我国第一座标准的自行车赛车场。为了庆祝赛车场的落成，1959 年 8 月举行了我国第一次自行车赛车场比赛。比赛项目：男子 4 公里团体赛，女子 2 公里体赛，男、女 1 公里、2 公里个人赛。山西男队获得 4 公里团体赛冠军，云南女队获 2 公里团体赛第一，山西队王二珠以 1 分 22 秒、北京队王平以 2 分 47 秒的成绩，分别首创男子 1 公里、2 公里的全国纪录。

1959 年举行中华人民共和国第一届全国运动会时，公路自行车列为主要竞赛项目，有 28 个单位 278 名运动员参加了比赛。比赛项目：男子 100 公里团体赛，100 公里、180 公里个人赛，女子 25 公里团体赛，25 公里、50 公里个人赛。比赛结果，北京男队、山西女队分别夺得团体总体总分桂冠，比赛成绩比 1958 年有了大幅度提高。男子 100 公里成绩为 2 小时 31 分 46 秒 3，比 1958 年的 1 小时 30 分 58 秒 4 提高了 2 分 26 秒 9。赛车场竞赛为表演项目，有北京、山西、吉林等 8 个单位 46 名运动员参加。项目：男子 4 公里团体赛、女子 2 公里团体赛、男女 1 公里、5 公里个人赛。北京、云南分别取得男、女总分冠军。

1961～1963 年期间，由于自然灾害，我国国民经济处于暂时困难时期，自行车运动的训练和竞赛暂时收缩，一度没有举行全国性自行车比赛。经过贯彻"调整、充实、巩固、提高"的八字方针，到 1964 年国了经济形势好转，全国自行车运动再度兴旺，锦标赛随之恢复。1965 年第二届全国运动会，公路和场地自行车都列为主要比赛项目，男子 100 公里团体赛上海队创造了 2 小时 18 分 8 秒 7 的好成绩，北京队的张立华创造了赛车场 1 公里 1 分 11 秒 4 的全国最高纪录。首次接近了世界水平，赛车场女子 1000 米的成绩，也处亚洲领先地位，还有一些项目也接近世界水平。1966 年 7 月日本自行车队来访时，进行了两场十四项比赛，我队以 14:0 的绝对优势大胜日本队。我广大自行车运动健儿，充满信心和决心要进入世界先进行列。

"文化大革命"期间，自行车运动的国际交往中断了六年之久，到 1973 年中国选手才迎战阿尔巴尼亚代表队。1974 年我国自行车队第一次参加第七届亚运会，夺得男子公路 100 公里团体赛第六名，赛车场 4 公里团体赛第四名和赛车场 1 公里个人赛第三名（北京张立华，成绩 1 分 13 秒 8）。

党的十一届三中全会以来，体育战线拨乱反正，清除"左"的思想影响，广大自行车运动员和教练员的积极性大大提高。各队都在总结训练经验，改进训练方法，不断提高运动成绩。1979 年 5 月，在宁夏自治区固原县举行了全国第一次公路自行车多日分段赛，比赛分为五段，全程总距离为 481 公里，平均每天 96.2 公里。其中第一天为 100 公里团体赛，上海队荣获团体总分第一，辽宁杨春光取得个人冠军。同年 9 月又在太原举行了第四届全运会公路、赛车场自行车比赛，涌现出不少后起之秀。山西运动员吴增仁一人独得五项冠军，并创造了场地 4 公里个人追逐赛 5 分 8 秒的全国最新纪录。

随着我国实行对外开放政策，自行车运动队出访、迎访、参加国际比赛日益频繁。为了适应国际比赛的要求，近年来，我国对比赛规则和方法都进行了不断修改。如赛车场行进间出发的 200 米竞赛，改为 1000 米争先赛，团体赛和个人追逐赛，都增加了预赛、复赛、半决赛和决赛四个轮次，增加了比赛难度，丰富了比赛内容，促使我国自行车运动水平在短期内接近世界水平。

2. 自行车运动规则

1868 年 5 月 31 日法国的圣克劳德公园举行了自行车比赛，这是有记载的最早的自行车比赛。1893 年举行首届世界业余自行车锦标赛。自行车项目 1896 年被列为奥运会项目。

项目介绍

场地自行车赛

场地自行车比赛称为"圆形场地"，自行车运动员全身装备齐整以后，看起来都跟《星球大战》似的，显得很先进。而场地赛中采用的自行车只配有一个齿轮，无闸。但是这些显得先进的技术和器材却是经过多年的改进才获得的，目的只有一个，就是让人把自行车骑得越来越快。1984 年洛杉矶奥运会上，出现的新技术和器材特别多，其中包括首次出现了没有辐条的碳素轮胎。1992 年巴塞罗那奥运会上，英国选手鲍德曼就是凭借赛车技术上的提高为英国获得了自 1920 年以来的第一枚金牌。鲍德曼的自行车为全碳素材料，总重量还不到 9 公斤，并且在很多部件都用上了空气动力技术。

公路赛

1839 年苏格兰铁匠麦克米兰为自行车进行了革新。此前，自行车一直依靠人力前进，麦克米兰发明了脚踏板动力系统，人们可以通过踩塔板使自行车前进了。19 世纪 80 年代，自行车再次取得重大革新，出现了链条和档位两个系统，从那以后，自行车与现代的自行车从外观上才有了类似点。随着自行车技术的革新，自行车运动的成绩也在不断提高。自行车运动在 19 世纪的红火也使它很自然地被列入首届奥运会正式比赛项目。首届奥运会就出现了自行车公路赛，比赛是在马拉松的赛道上进行的，比赛有两圈，全程 87 公里。直到近一个世纪之后，在 1984 年奥运会上才引入了女子公路自行车项目，12 年后的亚特兰大奥运会，才出现了女子的公路计时赛。1993 年取消了业余选手和职业选手分离的规定，业余选手可以和职业选手在所有主要项目中同场竞技。这一规定的取消使得职业车手首次参加了 1996 年的亚特兰大奥运会。

山地自行车赛

山地车赛首次是七十年代在美国的圣弗兰西斯科市举行的，直到 1996 年，它才成为奥运会的正式比赛项目。在山地赛中，选手们必须具备良好的耐久力、平衡能力和承受能力，才能在崎岖不平、前途难以预料的赛程中超出对手。自行车场地赛和公路赛路面平坦，而奥运会的山地车赛（越野赛）却不同于这两种比赛，因为奥运会山地车赛采用"扁平"轮胎，空气动力的考虑成分较少。整个赛程当中，各种冲撞时有发生，因而选手们要有在赛程当中随时修车的能力。

赛　制

在山地车赛的出发点，所有选手同时出发。男子山地车赛全程为 *40～50* 公里（*6～7* 圈），女子比赛全程为 *30～40* 公里（*5～6* 圈）。比赛的确切路程要等到比赛前一天晚上才能确定，主要是裁判要根据天气等条件来把握比赛时间。一般男子选手需 *2* 小时 *15* 分，女子选手需要 *2* 小时左右。这种令参赛选手极度疲劳的比赛还存在海拔上的变化，其高度将从海拔面升高到海拔 *230* 米左右。

计时赛

这项比赛中没有战术，而纯粹好似力量和体力的考验。每一次只有一名车手与时钟进行角逐，而最快完成比赛的人成为胜利者。

冲刺赛这是长度为三圈的一种战术性比赛，尽管只有最后 *200* 米才计时。奥运会中，选手进行三轮一对对的角逐，两名骑手相对而骑。而最先冲过终点线的选手成为胜利者。

在前两圈时，一对选手充分利用整个跑道，以策划最后冲刺的最佳位置。第一圈不能慢于步行速度，但其后选手即可尝试任何事情，包括在赛场上静立或是冲刺。领先者必须让出右边作为通道，而且除非他们有明显的领先优势才可阻止竞争者。

命运总是青睐在极点领先第一圈的车手。在下一轮中命运正好相反。而如果需要比赛第三轮的话，命运就会再次翻转。如果一位竞争者摔倒，那名选手必须领骑第一圈。

个人追逐赛

两名选手在赛道的两个相对面出发，试图通过追上另一个人或创造最快时间取得胜利。奥运会中，男子比赛时 *4* 公里，女子比赛位 *3* 公里。

第一轮由各个阶段组成，只计时间。取得最佳时间的四名车手进入半决赛。

发出比赛信号后，选手们要在出发区停留 *50* 秒。通常的战术时持续地登轮以及紧极线。

一旦发生事故，只有受影响的车手停下。他或她会和遭受类似命运的另一名车手重新进行一次比赛。如果没有其他人，那他（她）只有自己比赛。导致两次以上停止的车手将被取消比赛资格。

团体追逐赛

团体追逐赛是只有男人参加的4公里比赛，一组四个人。基本规则与个人追逐赛相同。

在团体追逐赛中，第三名车手的位置是至关重要的。时间按照选手自行车前轮通过终点线时计算，只有当第三名车手与另一队的第三个人打平时才能认为这个团体击败了另一队。

追逐赛的车手保持紧密的比赛线路，通过在陡峭的曲线赛道上交换领先位置和拉开距离以保持体力。时间通过第三名车手计算。

3. 自行车运动技术

倒　地

车手在骑车过程中如果摔倒，不仅会弄痛自己，还会感到十分尴尬。如果小心谨慎，并牢记一些简单的规则，大多数情况下可以避免摔跤，至少能把所受的伤害降低到最低限度。

1. 尽早停车。假如刚刚骑到山顶，突然出现了一个被严重冲蚀、布满沟壑的斜坡，而坡底有一个满是大石头的深坑，如果此时下冲速度太快，已经来不及停车，身子要立即向一侧倾斜，就势倒在地上。这样做的后果只不过是身上有几处小小的擦伤，如果径直地冲到沟底，那时所受的伤是难以估计的。

2. 四肢收拢，把身子缩成一团，顺势在地上打滚。尽管这样做起来不是那么容易，但是遇到这样的情况时，千万不要惊慌失措。需要牢记的一条是不要把手臂伸出来，企图支撑自己不要摔倒，因为这样的话四肢最容易受伤。要让躯干承受全部的冲击力，把身子缩成一个球（就象柔道课上老师教的那样），可以保证身体不至于受伤太重。

3. 继续保持原来的冲力。即将摔倒时，不要用力挣扎，要保持原来的前冲力，继续向前骑，直到支撑不住时再摔倒。身体着地时，就势向前滚动，直到最后能停下来。如果紧急刹车，轮胎有可能会被撕裂，到头来车手也免不了受伤。当然，如果正朝着悬崖或者比较陡的斜坡下冲，则必须想尽一切办法把自行车停住，与此同时，要寻找可以使自行车停下来的东西。

4. 让自行车吸收一定的冲击力。有时，可以让自行车也顺势倒下，为自己充当衬垫。自行车坏了可以更换，但人如果受伤，可就没有那么简单了。

5. 从自行车后面跳下来。自行车即将摔倒时，如果正处于下坡过程中，而且也没有办法补救，那么车手可以松开自行车，从后面跳下来。自行车最终会停下来的，而且因为负重减轻，还有可能不会损坏任何部件，最重要的是车手本人能够避免摔伤。

6. 摔倒时千万不要肩膀着地。摔倒时肩膀着地肯定会摔断锁骨，甚至会更糟。如果发觉自己就要同近旁的物体相撞了，请想方设法向前或者向后摔倒，这样，就不至于肩膀先着地了。

爬坡

山地自行车运动是在山地中骑车，因此爬坡也就成了这一运动不可缺少的一部分。除了具备强健的体魄和足够的力气之外，正确的骑车技巧也有助于车手成功地应付各种各样的山道。能否驱动自行车向前、向上运动，取决于二个关键性的因素：一是动力传动系统的运转与力量的大小，二是车轮与地面之间的摩擦力。动力传动系统的运转与力量的大小同车手身体的强健程度和力量的大小直接相关。摩擦力则与骑车技巧、自行车轮胎的类型、车手身体的重心位置以及轮胎的压力有关。

陡峭的山坡、质地松软的砾石路与低摩擦力

保证自行车在爬坡过程中一直向前运动的秘诀在于要使车手身体重量的分布、骑车姿势、力量的大小、踏蹬的方式以及最佳路线之间的协调达到最佳状态。

重量的分布在爬比较陡、比较难爬的斜坡时，有些车手习惯于采取站立的姿势，这在质地坚硬、摩擦力大的地面上比较奏效，但是在典型的越野运动中，情况就大不相同了。此时，骑车技巧显示了它的重要作用。车手要尽量把身体的重心移到车座的后部，增加后轮上的压力，从而增大摩擦力。但这样做，前轮很容易翘起来，致使自行车驾驭起来比较困难，而且还有可能向后翻倒。如果重心前移，前轮则不会离开地面，但后轮又有可能在土质比较松软的地面上原地空转，结果自行车寸步难行。

骑车的姿势考虑到上面提到的各种因素之后，车手应该根据地形随时调整身体重心的位置。为了使身体重量达到最佳分布，骑手的屁股自始至终可能只是轻轻的坐在车座前端。

力量的大小和踏蹬的方式为了能够驱动自行车向前运动，车手必须连续平稳地向动力系统传送能量。如果用力太大，则有可能会减小摩擦力。用力太小，则又有可能减慢车速，或者致使自行车停下来。如果上下猛踩踏板，而不是平稳地使踏板做环行运动，车轮会因为与地面之间的摩擦力减小而打滑，在原地空转。

1. 技术性爬破。在爬比较陡的斜坡时所适用的各种规则同样适用于技术性爬破。唯一不同之处就是技术性爬破不需要车手专门去寻找合适的骑车路线，车手只要能在乱石、沟壑或者突兀的树根之间找出一条路就行。目视前方 5 米之内的地面，选择最佳车道。不过，一旦确定了骑车路线，就不要随意改变。

2. 长距离爬坡。一般的各种骑车规则在这种运动中都适用，但具体规则要根据地形的难易程度以及斜坡的坡度大小来定。不过，为了能够骑完全部路程，车手就必须量力而行，选择合适的速度和齿轮传动速比。要想征服所有的斜坡，需要车手身体强健，有足够大的力气，掌握相当的骑车技巧，并能对运动采取正确的态度。

一开始，有些车手身体不够强壮，还不能应付某些种类的斜坡。不过，通过足够的锻炼，情况是可以改善的。刚刚开始训练时，不要把目标瞄准整座山，要先从应付得了的地方着手，然后再逐渐过渡到比较难的一步。另外，还要记住，只要能实现目标就可以，不要计较什么时候。如果有信心相信自己能够征服大部分斜坡时，则需要考虑速度问题了。

3. 如何在土质松软，又比较陡的斜坡上从新发动自行车。一旦自行车在斜坡上停了下来，从新起步并非一件易事。车手必须下车，向前走几步，或者向后退几步，选择合适的地点从新发动。所选择的地方必须是地势平坦，摩擦力大，比如说一块比较平整的岩石。同时，选择传动速比不是太大的齿轮，只要能够应付当前的情况就行。如果太大，自行车还有可能会抛锚。选择好合适的齿轮以后，利用的最多、力量最大的那条腿蹬动自行车，同时按住车刹，等自行车开始向前运动时，把另一只脚也放在踏板上，然后平稳用力，加速，直到回到预定的车道上为止。另一个比较好的办法就是把自行车斜停在车道上，等发动起来后再把车头掉过来。

下　坡

身体放松。骑车时如果四肢僵硬，不仅车手自己会左右摇晃，自行车也有可能会上下颠簸。车手应采取下蹲的姿势，双腿和胳膊稍微弯曲，臀部轻轻的坐在车座上。这样做不仅能够提高车速，车手还会感到非常舒服，以便能更好的控制自行车。车手身体中心稍微靠后，落在车座后端，会使车架的活动空间增大，从而能够吸收一定的冲击力。还可以把车座放低 3 至 4 厘米左右，这样也能增大操作空间。要紧盯着车道，而不是路上的障碍物。

1. 高速、短距离下坡。在这种斜坡上骑车，车手能够一眼望到坡底，因此可以选择一条直达坡底的路线。这一点非常有用，因为在整个下坡过程中，只要地形允许，自行车可以达到最快的速度，为冲上对面的斜坡最大限度地积累冲力。这样做可以最大限度的保存力量，以提高全程的平均速度。在这种运动中，车手的首要目标是选择合适的下坡路线，以及冲上对面斜坡的路线，然后坚持到底。

2. 长距离下坡。长距离下坡，即需要选择比较容易应付的地形，还需要掌握相应的骑车技巧。在这个过程中，车手不可能一眼从坡顶望到坡底，因此在整个过程总应该边走边观察。要目视前方，根据骑车速度，留心前方 15 米远的地面，至少要留心地形允许视线到达的地方。选择好要走的路线，然后沿着这条路线骑下去，但也不要忘了根据地形的变化随时进行调整。这听起来有些困难，但是骑上一段时间过后，基本上不会有太大的问题。开始时，要选择自己肯定能够比较轻松应付的速度。不要用力太猛，速度也不要太快，否则很快就会感到筋疲力尽，从而引发撞车等事故。

3. 技术性下坡。在没有了解前面的地形之前，下坡的速度不应该太快。车手需要熟悉途中有什么障碍，以便能够安全的绕过去。即使对当前的地形比较熟悉，但最近没有在这里骑过车，尤其是近来天气不好，车手也应该先仔细观察一下地形，以免比较危险的意外事故的发生。

专业的速降运动员通常是提前在车道上骑上一圈，遇到障碍物便试着处理一下，直到找到最好的骑车路线，然后才满怀信心的进行比赛。一个比较好的建议是在比赛开始以前，心中对整个路程有一个总体的印象，同时还要记住我们这里所有讲到的相关技巧和各种提示。进行技术性下坡运动时，一定要带上备用的保护性设施，比如专用的头盔、手套、护身衣和具有保护作用的短裤等。

4. 之字形下坡。之字形下坡运动通常包括一系列的短距离下坡，而不包括再爬上对面的斜坡。因此，车手必须控制好车速，以便能够应付急转弯和其他各种以外情况。最受欢迎的骑车技巧是在运动之前绘制出途中的弯道，但需要考虑到每一段路程的距离，以便能够及时刹车、成功转弯。在弯道处刹车是绝对不允许的，一方面这会严重影响应付艰难地形的能力，另一方面，重心的转移还有可能把车手从弯道处甩出去，这样再想以较高的速度跨越弯道就更难了。

转弯技巧

1. 倾斜法：车体为一线，往弯内倾斜。

（1）身体重心基于车上往弯内倾斜，人车保持同样的倾斜角度。

（2）伸直外侧的膝盖并且下意识的加点力度，就好像你要把脚踏踩下来似的（不过如果你真地把它踩下来的话可别找我们）。

（3）用内侧的膝盖顶着横梁，这是一个调节你的轨迹的好方法，减少压力就可以缩小弯度。

（4）外侧的手稍稍拉起车把。

（5）运用倾斜的两个好时机。

①可以利用不太急的转弯处（少于45度）加速。

②可以清楚看到前方但不熟悉的弯处。

（6）湿沥青路上，倾斜的两个缺陷。在雨天，尽管这种转弯技巧能给你一个很好的牵引力，但是它的角度和重量的分配、安排不太利于湿滑路面，倾斜技巧没有相应的扭转来得灵敏。

2. 把向法：车子保持直立些，身体往弯内倾斜。

（1）向前挪动，直至鼻子和刹车把成一行。

（2）保持车子直立，身体往弯内倾斜（足以让外侧的手臂伸直）。

（3）把车把往弯内一侧歪。

（4）弯曲内侧手臂的手肘把车把拉回，同时外侧手臂把车把推出以转动车把方向。

（5）保持两边膝盖内扣，继续蹬踏。

刹车的技巧

前刹车能提供你非常好的制动力，但是也可以让你变成空中飞人，下面我们告诉你如何刹车。

1. 使用前刹车的时候将重心往后移。当你使用前刹的时候，你的重心会因为惯性而自然前移，你必须练习当你开始刹车时，有意识地将你的重心向后移动（身体放低，屁股往后移）。重心往后移的越多，你就可以使用更多的刹车力量。

你可以在沙地或有点湿滑的平地上练习，加快速度使用不同的力道压下你的前、后刹车，了解如何控制你的刹车。或在骑行的时候询问高手他是怎么使用刹车的。

2. 转弯时减低前刹的力量。和驾驶汽车一样，在转弯的时候你必须要降低速度。如果你在转弯的时候使劲地压下你的刹车，你将会产生侧滑而失去控制。在转弯的时候同时使用你的前、后刹车来降低你的速度。当刹车的时候你前轮的反应会降低，所以减少前刹车力，你的转弯将会更完美。

如果你在一个下坡的急转弯，需要使用到刹车时，尽量使用后刹车的力量。如在平地上，在最后一刻刹车时将重心往后降低以前面

30%后面70%的刹车力量，来做刹车的动作。

3. 不要过度的压下前刹。"惯性是你的朋友"，你需要速度去通过岩石及障碍。不然轮子将会停止转动，将你抛过把手。过度的压下前刹会使你的重心前移，导致车头下倾。

如果你在险峻下坡的转弯中使用前刹，这时你必须同时控制你的前后刹车，不可过度地用力一直的按着，这时你可将刹车作一放一按的动作，以防止刹车锁死的现象发生。

自行车起跑技术

起跑技术在各项比赛中都很重要，尤其是在短距离项目里起着决定胜负的作用。

起跑方法分为扶车与不扶车两种。在赛车场比赛中多采用扶车起跑，而在公路成组出发的比赛中则采用不扶车起跑。

扶车起跑的方法：是在比赛之前运动员骑在车上，由裁判员扶住车座后下方，或一手扶前叉三通，一手扶车座后下方，维持平衡。运动员在起跑前应先拉紧脚蹬皮条，然后扶好车把，作一两次深呼吸，腰部放松。坐稳两个脚蹬保持与地面平行，或是踏蹬的第一脚的脚蹬稍高一些，当听到裁判员"预备"口令时，臀部及时、平稳地离开座位，准备起动，但动作不要过猛，防止抢跑犯规。听到出发枪声后，踏蹬第一脚立即作迅速而有力的下踏，但不能用力过猛，避免肌肉过分紧张和不利通过"死点"。另一只脚借助皮条和脚卡向上用力提脚蹬，脚尖稍向上抬起，防止脚套拉脱。在左脚踏蹬时，左手用力向怀里拉把，集中使排力量，右手以同样力量向下按车把，两臂弯屈，上体前移，整个身体成弓形用力。循环至另一只脚踏路时，动作相同，方向相反。同时，头部稍稍抬起，注意车子平衡，直线加速前进。起跑到60~80米达一定速度后，运动员可平稳地座到车座上。利用已有的惯性，稍放松踏蹬几下，调整一下因起跑产生的肌肉紧张状态，然后，立即转入正常踏蹬。这里要特别指出，由站立式往下坐时不要向后猛拉车把，防止车子减速。

不扶车起跑的方法是，在出发前，运动员两手扶车，骑在车架上方，一只脚踏上脚蹬，另一只脚踩在地上。当听到出发信号时，用力蹬地使车向前移动，并迅速坐在车座上，套上脚套，用站立式骑行方法加快速度。起动后与扶车起跑技术和同。

1. 沟壑。穿越沟壑时，要尽可能的使自行车保持水平状态。如果被卡在沟中，轻者会撞击一下，重者则会损坏自行车。小沟可以跳过去，如果沟比较宽，则需要另想办法。如果沟的宽窄合适，还可以从沟底骑过去。前轮碰到沟沿时，先把身体重心后移，使之离开前轮，然后推动前轮下到沟内。等到了对面的斜坡时，在提起前轮并从沟中冲出去。身体重心前移时，要继续踏蹬。这一技巧与跨越比较大的石头所用的技巧相似。不过，这里要做的不是从障碍物上面跃过去，而是从沟底冲出去。

由流水冲刷而成的 V 字型沟壑是比较难对付的地形之一。这种沟通常宽50厘米，最深处也在50厘米左右。最简单的办法只把自行车从沟上面扛过去。除此之外，还有许多方法。最好的方法是在跨越沟壑时运用前轮离地平衡特技。后轮碰到沟底时身体重心稍微前移，同时继续踏蹬，直到冲出沟底。

如果自行车被卡在沟内，需要找一个坡度较小的地方骑出来，也可以采用侧身齐足跳从沟内跳出来。但是，如果沟太深，要慢慢减速，等自行车停下来以后再爬出来。

2. 沙地。沙地常常让车手望而生畏，但应付这种地形的技巧与铺满碎石和沙烁的地形一样。遇到这种地形，自行车前轮很容易陷在沙中，车手也很难控制自行车前进的方向。普通骑车技巧在此是不起作用的，正确的操作如下：

以尽可能快的速度靠近沙地，瞄准目标地点，重心后移。

平稳地用力踏蹬，保持车速。从比较厚有松软的沙地上穿过时，要象在海上冲浪一样，轻轻地"掠"过去。提示：不要忘了，其它自行车手和摩托车手走过的地方比较结实，骑起来比较省力。

3. 横穿积水。从有积水的地方穿过肯定非常刺激，但是这么做之前最好先检查一下水的深浅，看一看水中是否有石头或者深坑。即使非常了解这种地形，这一环节也不可以省略。如果不了解，或者说有好长时间没从这里走过了，最好放慢速度，或者干脆下车，步行过

197

去。借用著名的速降运动权威人士阿尔博特的话说就是："由于积水和泥浆既影响变速和刹车，又对自行车不好，最好扛者自行车从水中步行穿过，鞋子湿了，还会干的"。不过，如果很自信，认为自己能够安全穿过，那么就放开胆子冲过去，但一定要把身体的重心后移。

4. 原地跳跃。骑车轻轻地跳跃的技术。BMX 最基本的技巧也可进行扭转。

其技巧是，弯曲膝盖和手腕，注意力集中在脚踏上跳跃，着地后弯曲膝盖和手腕，吸收冲击力。旋转动作是：把手转向要旋转的方向，把整个身体扭转即可。

5. 提升前轮。不踩踏，只动体重来提升前轮的技巧。跳跃时提升前轮容易做到，但是提升前轮后长时间骑行是不容易的。

若握把的位置没有调整好，难取得平衡，因此要调整好握把的位置。若车架较大时，握把向身边倾斜就容易提升前轮。中轴和后轮之间的距离过长时，提升较困难，遇到这种情况时，搞紧一块链仔试一试，但要小心过紧的话会变快而难于控制。握把过长时把它变窄，提升的情况有时会改善。

其技巧是，手指轻轻挂在后刹车上，快速助走后，边弯曲手臂边把体重向前移动，瞬间把手臂伸直，体重向后移动，前轮将浮起。此时前脚有向前蹴般的感觉，后脚用力向下蹬的感觉。提升前轮时不要踩踏。多做"提升前轮到快要向后倒"的练习（身体真的要向后倒时用脚来防止）。

以上的动作熟练后，做在倒下前轻刹车防止倒下的练习。

以上的动作熟练后，做不用刹车也不会倒下去的练习。

感到要向后倒时，稍弯曲手腕，重心向前移时前轮会下降。假若感到向前倒时，腰向后移伸手臂，脚向前踢般伸直。若感到要向左倒，把左侧的把手向身边拉，右侧则向前推般的感觉。脚应该与倒下去相反方向使力。

假若感到快要停止时，弯曲、伸直脚的膝盖来前进，一直到无法再前进为止。

在进行该动作时，脚和手腕始终稍微弯曲。

助走快时较稳定。怕向后摔倒时要载头盔。假若可以利用地面的线条可以知道走了多少。与朋友一起练习进步较快。

6. 旋转。骑一段（不使用刹车器）移动体重及身体的扭转来旋转恢复到原状的技巧。虽然是普通的技巧，但在空中旋转360度等技巧时用到。

若不能够完美地旋转180度时，幅条将会受很大的横方向的力，因此车叉要扭紧。空气压要高。刹车则用不到。

MTB 的 TRAIL 也有类似的动作，BMX 的特点是不用刹车器来控制。因为不用刹车器，动作像流水般进行。首先以前轮的轮胎为轴进行旋转的练习。比走路稍微快的速度骑过来，向旋转方向扭转45度，体重放在前部，脖子转向旋转方向，脚放在脚踏上，向旋转的方向扭转。视线放在前轮胎的稍微前的地方。以上动作要瞬间同时完成。开始练习时，一般不能顺利旋转，可能是太紧张。因此从小旋转开始练习，或者是下定决心，不怕摔倒，一口气旋转。

能够做到以前轮为轴旋转180度后，连续进行以后轮为轴旋转180度的动作，这种动作是利用以前轮为轴旋转180度后的惯性力。完成180度旋转动作之后，把倾向前部的体重一口气放在后部，握把转向旋转侧一边，扭转身体，脚要用力蹬，一口气旋转。注意！连续进行前后旋转之前，你必须熟练掌握旋转180度的技巧。

用前轮旋转180度时，何时旋转很重要，因此像蛇般骑行一段来寻找旋转的机会。视线很重要，否则容易摔倒。假若助走较快而操作失败时，向后摔倒的机会较多，没有把握的话不要勉强进行。最好带上头盔。

只提升前轮旋转180度的技巧，也是最简单的技巧。掌握好这个技巧的话，进行 Mini Ramp 的旋转时很有用。再进一步来说，也是进行 Banny Hop180°、Banny Hop Rock Walk、360°、540°、720°、900°等旋转技巧的基础。

车子的调整该动作要进行旋转，车胎的空气压要高些，怕摔倒时，要调整好后刹车。

其技巧是，首先练习45度旋转，然后练习180度。没有掌握好

"提升前轮"技巧的话，难进行该旋转动作，因此先练习好"提升前轮"操作。脚踏放水平，或者前部脚踏稍高的状况下，以（停止或者不停止时）的速度走，用前轮和体重，将握把转向要旋转的方向，扭转整个身体，手要伸直，臀部向后的瞬间，重心放在后部，以"提升前轮"的要领提升前部，注意力放在前部脚踏的脚上，以向前推似地，一口气旋转。旋转时，车子对旋转轴的中心稍斜时较为安定。当你想到已转了 180 度时，操作已结束，前轮着地。不断练习，使用旋转 90 度的能量来旋转 180 度。